Gustări Sănătoase

Rețete Delicioase cu Conținut Redus de Sodiu

Ana Popescu

Cuprins

Amestecul de creveți și ananas 11

Somon și măsline verzi 12

Somon și fenicul 13

Cod și sparanghel 14

creveți asezonați 15

Biban de mare și roșii 16

Creveți și fasole 17

Amestecul de creveți și busuioc 18

Salată de creveți și tarhon 19

Amestecul de cod cu parmezan 20

Amestec de tilapia și ceapă roșie 21

salata de pastrav 22

Păstrăv balsamic 23

Somon cu patrunjel 24

Salata de pastrav si legume 25

somon șofran 26

Salată de creveți și pepene verde 27

Salată de creveți și quinoa cu oregano 28

salata de crabi 29

Scoici balsamic 30

Amestecul cremos de talpă 31

Amestecul picant de somon și mango 32

Amestecul de creveți și mărar 33

Chiftă de somon 34

Creveți cu anghinare	35
Creveți cu sos de lămâie	36
Amestecul de ton și portocale	37
curry de somon	38
Amestecul de somon și morcov	39
Amestecul de creveți și nuci de pin	40
Cod și fasole verde	41
Catei de usturoi	43
Mix cremos de biban de mare	44
Amestecul de biban și ciuperci	45
Supă de somon	46
Creveți de nucșoară	47
Amestecul de creveți și fructe de pădure	48
păstrăv lamaie copt	49
Coji de arpagic	50
Chiftele de ton	51
tigaie cu somon	52
Cod amestecat cu mustar	53
Amestecul de creveți și sparanghel	54
Cod și mazăre	55
Creveți și scoici de midii	56
Crema de menta	57
Budinca de zmeura	58
Batoane de migdale	59
Amestecul de piersici prăjite	60
Plăcintă pecan	61
Prăjitură cu mere	62

Crema de scortisoara 63

amestec cremos de căpșuni 64

Brownies cu vanilie si nuca 65

Budinca de cacao 67

Crema de nucsoara si vanilie 68

Crema de avocado 69

crema de zmeura 70

Salata de pepene verde 71

Amestecul de nucă de cocos și pere 72

Sos de mere 73

Tocană de caise 74

Amestec de pepene și lămâie 75

Cremă de rubarbă 76

Coji de ananas 77

Tocană de afine 78

Budincă de lămâie 79

Crema de piersici 80

Amestecul de scorțișoară și prune 81

Măr chia și vanilie 82

Tocană de rubarbă 84

Cremă de rubarbă 85

Salata de afine 86

Curmale si crema de banane 87

Briose cu prune 88

Boluri cu prune uscate și stafide 89

Batoane cu semințe de floarea soarelui 90

Coji de afine caju 91

Boluri cu portocale și mandarine 92

Crema de dovleac 93

Amestecul de smochine și rubarbă 94

banane condimentate 95

Smoothie de cacao 96

Batoane cu banane 97

Batoane cu curmale și ceai verde 98

tort cu lamaie 100

Batoane cu stafide 101

Pătrate de nectarine 102

Tocană de struguri 103

Cremă de mandarine și prune 104

Crema de cirese si capsuni 105

Nuci de cardamom și budincă de orez 106

Pâine cu pere 107

Budincă de orez și cireșe 108

Tocană de pepene verde 109

Budincă de ghimbir 110

Crema de caju 111

Tort de cânepă 112

Coji de rodie si migdale 113

Broccoli de curcan și chimen 114

Cuișoare de pui 116

Pui cu anghinare 117

Amestecul de ardei de curcan 119

Pulpe de pui si legume cu rozmarin 120

Pui cu morcovi și varză 122

Sandviș cu vinete și curcan 123

Tortile ușoare de dovlecel cu curcan 125

Tigaie cu vinete cu pui cu ardei 126

Curcan prăjit cu balsamic 127

Amestecul de cheddar de curcan 128

Parmezan de curcan 129

Mix cremos de pui și creveți 130

Curcan se amestecă cu busuioc și sparanghel cald 131

Mix de caju de curcan 132

Curcan și fructe de pădure 133

Piept de pui cu cinci condimente 134

Curcan cu legume asezonate 135

Ciuperci cu pui și chile 136

Chili Chicken Anghinare 137

Amestecul de pui și sfeclă 139

Curcan cu salata de telina 140

Amestecul de pulpe de pui și struguri 141

Curcan si orz cu lamaie 142

Curcan cu un amestec de sfeclă și ridichi 144

Amestecul de carne de porc cu usturoi 146

Burta de porc cu morcovi 147

Carne de porc cu ghimbir si ceapa 148

Carne de porc cu chimen 150

Amestecul de porc și legume 151

Se prajeste carne de porc cu cimbru 152

Carne de porc cu nucă de cocos și țelină 155

Amestec de porc și roșii 156

Cotlete de porc cu salvie 157

Carne de porc thailandeză și vinete 158

Arpagic de porc 160

Balsamic de porc 161

Pesto de porc 162

Ardei de porc și pătrunjel 164

Amestecul de chimen și miel 165

Carne de porc cu ridichi si fasole verde 166

Miel cu fenicul și ciuperci 168

Caserolă de porc și spanac 170

Carne de porc cu avocado 172

Amestec de mere si carne de porc 173

Cotlete de porc cu scorțișoară 175

Cotlete de porc cu nucă de cocos 176

Carne de porc cu amestec de piersici 177

Miel cu cacao și ridichi 178

Carne de porc cu lamaie si anghinare 180

Carne de porc cu sos de coriandru 182

Carne de porc cu amestec de mango 184

Carne de porc si cartofi dulci cu rozmarin si lamaie 185

Carne de porc cu năut 186

Cotlete de miel cu kale 187

Miel cu piper 188

Carne de porc cu praz și ardei 189

Cotlete de porc și mazăre 190

Carne de porc și porumb 191

Miel cu mărar 192

Cotlete de porc cu piment și măsline 193

Cotlete italiene de miel 194

Orez cu carne de porc si oregano 196

Galuste de porc 197

Carne de porc și andive 198

Ridiche de porc și arpagic 199

Chiftele de spanac cu menta 201

Chiftele și sos de cocos 203

Carne de porc de linte și turmeric 205

Sotul Miel 206

Carne de porc cu sfeclă roșie 207

Miel și varză 208

Miel cu porumb și bame 209

Carne de porc cu muștar și tarhon 210

Carne de porc cu varza si capere 211

Carne de porc cu varza de Bruxelles 212

Amestec picant de carne de porc și fasole verde 213

Miel cu quinoa 214

Pâine de miel și pak choy 216

Carne de porc cu bame și măsline 217

Orz de porc și capere 218

Amestecul de porc și arpagic 219

Amestecul de creveți și ananas

Timp de preparare: 10 minute.
Timp de preparare: 10 minute.
Porții: 4

Ingrediente:
- 1 lingura ulei de masline
- 1 kilogram de creveți, curățați și devenați
- 1 cană de ananas, decojit și tăiat cubulețe
- 1 suc de lamaie
- O mână de pătrunjel tocat

Adrese:
1. Se incinge o tigaie cu ulei la foc mediu, se adauga crevetii si se prajesc 3 minute pe fiecare parte.
2. Adăugați ingredientele rămase, gătiți încă 4 minute, împărțiți în boluri și serviți.

Nutriție: Calorii 254, Grăsimi 13,3, Fibre 6, Carbohidrați 14,9, Proteine 11

Somon și măsline verzi

Timp de preparare: 10 minute.
Timp de preparare: 20 minute.
Porții: 4

Ingrediente:

- 1 ceapa galbena tocata
- 1 cană măsline verzi fără sâmburi și tăiate la jumătate
- 1 lingurita pudra de chili
- piper negru după gust
- 2 linguri ulei de masline
- ¼ cană bulion de legume cu conținut scăzut de sodiu
- 4 fileuri de somon fara piele si oase
- 2 linguri de arpagic tocat

Adrese:

1. Se încălzește o tigaie cu ulei de măsline la foc mediu-mare, se adaugă ceapa și se călește timp de 3 minute.
2. Adăugați somonul și prăjiți 5 minute pe fiecare parte, adăugați ingredientele rămase, prăjiți amestecul pentru încă 5 minute, transferați în farfurii și serviți.

Nutriție: Calorii 221, Grăsimi 12,1, Fibre 5,4, Carbohidrați 8,5, Proteine 11,2

Somon și fenicul

Timp de preparare: 5 minute.
Timp de preparare: 15 minute.
Porții: 4

Ingrediente:
- 4 fileuri de somon de marime medie, fara piele si fara os
- 1 bulb de fenicul, tocat
- ½ cană bulion de legume cu conținut scăzut de sodiu
- 2 linguri ulei de masline
- piper negru după gust
- ¼ cană bulion de legume cu conținut scăzut de sodiu
- 1 lingura suc de lamaie
- 1 lingura coriandru tocat

Adrese:
1. Se incinge o tigaie cu ulei de masline la foc mediu, se adauga feniculul si se fierbe 3 minute.
2. Adăugați peștele și prăjiți timp de 4 minute pe fiecare parte.
3. Adăugați ingredientele rămase, gătiți încă 4 minute, împărțiți în farfurii și serviți.

Nutriție: Calorii 252, Lipide 9,3, Fibre 4,2, Carbohidrați 12,3, Proteine 9

Cod și sparanghel

Timp de preparare: 10 minute.
Timp de preparare: 14 minute.
Porții: 4

Ingrediente:
- 1 lingura ulei de masline
- 1 ceapa rosie tocata
- 1 kg file de cod dezosat
- 1 buchet de sparanghel, curatat
- piper negru după gust
- 1 cana crema de cocos
- 1 lingura arpagic tocat

Adrese:
1. Se incinge o tigaie cu ulei de masline la foc mediu, se adauga ceapa si codul si se calesc 3 minute pe fiecare parte.
2. Adăugați ingredientele rămase, lăsați totul să fiarbă încă 8 minute, împărțiți în farfurii și serviți.

Nutriție: Calorii 254, Lipide 12,1, Fibre 5,4, Carbohidrați 4,2, Proteine 13,5

creveți asezonați

Timp de preparare: 5 minute.
Timp de preparare: 8 minute.
Porții: 4

Ingrediente:
- 1 lingurita praf de usturoi
- 1 lingurita praf de boia afumata
- 1 lingurita de chimion, macinat
- 1 lingurita ienibahar, macinata
- 2 linguri ulei de masline
- 2 kilograme de creveți, curățați și devenați
- 1 lingura arpagic tocat

Adrese:
1. Se incinge o tigaie cu ulei la foc mediu, se adauga crevetii, pudra de usturoi si alte ingrediente, se prajesc 4 minute pe fiecare parte, se impart in boluri si se servesc.

Nutriție: Calorii 212, grăsimi 9,6, fibre 5,3, carbohidrați 12,7, proteine 15,4

Biban de mare și roșii

Timp de preparare: 10 minute.
Timp de preparare: 30 minute.
Porții: 4

Ingrediente:
- 2 linguri ulei de masline
- 2 kg file de biban de mare, fara piele si oase
- piper negru după gust
- 2 căni de roșii cherry, tăiate la jumătate
- 1 lingura arpagic tocat
- 1 lingura coaja de lamaie
- ¼ cană suc de lămâie

Adrese:
1. Ungeți o tavă de copt cu ulei de măsline și puneți peștele în ea.
2. Adăugați roșiile și alte ingrediente, puneți foaia de copt în cuptor și coaceți la 380 de grade F timp de 30 de minute.
3. Împărțiți totul în farfurii și serviți.

Nutriție: Calorii 272, Lipide 6,9, Fibre 6,2, Carbohidrați 18,4, Proteine 9

Creveți și fasole

Timp de preparare: 10 minute.
Timp de gătire: 12 minute.
Porții: 4

Ingrediente:
- 1 kilogram de creveți, curățați și devenați
- 1 lingura ulei de masline
- 1 suc de lamaie
- 1 cana fasole neagra conservata, nesarata, scursa
- 1 eșalotă tocată mărunt
- 1 lingura oregano tocat
- 2 catei de usturoi tocati
- piper negru după gust

Adrese:
1. Se incinge o tigaie cu ulei la foc mediu-mare, se adauga ceapa si usturoiul, se amesteca si se fierbe 3 minute.
2. Adăugați creveții și prăjiți 2 minute pe fiecare parte.
3. Adăugați fasolea și alte ingrediente, gătiți la foc mediu încă 5 minute, împărțiți în boluri și serviți.

Nutriție: Calorii 253, Lipide 11,6, Fibre 6, Carbohidrați 14,5, Proteine 13,5

Amestecul de creveți și busuioc

Timp de preparare: 5 minute.
Timp de preparare: 8 minute.
Porții: 4

Ingrediente:
- 1 kilogram de creveți, curățați și devenați
- 2 salote tocate
- 1 lingura ulei de masline
- 1 lingura arpagic tocat
- 2 lingurite ridichi preparate
- ¼ cană cremă de cocos
- piper negru după gust

Adrese:
4 Se încălzește o tigaie cu ulei la foc mediu, se adaugă eșapa și hreanul, se amestecă și se prăjesc timp de 2 minute.
Adăugați 5 creveți și alte ingrediente, amestecați, gătiți încă 6 minute, împărțiți în farfurii și serviți.

Nutriție: Calorii 233, Lipide 6, Fibre 5, Carbohidrați 11,9, Proteine 5,4

Salată de creveți și tarhon

Timp de preparare: 4 minute.
Timp de preparare: 0 minute.
Porții: 4

Ingrediente:
- 1 kilogram de creveți, fierți, curățați și devenați
- 1 lingura tarhon tocat
- 1 lingura capere, scurse
- 2 linguri ulei de masline
- piper negru după gust
- 2 cesti baby spanac
- 1 lingura otet balsamic
- 1 ceapa rosie mica, taiata felii
- 2 linguri suc de lamaie

Adrese:
4 Într-un bol, combinați creveții cu tarhonul și celelalte ingrediente, amestecați și serviți.

Nutriție: Calorii 258, Lipide 12,4, Fibre 6, Carbohidrați 6,7, Proteine 13,3

Amestecul de cod cu parmezan

Timp de preparare: 10 minute.
Timp de preparare: 20 minute.
Porții: 4

Ingrediente:
- 4 file cu cod liber
- ½ cană de brânză parmezan cu conținut scăzut de grăsimi ras
- 3 catei de usturoi tocati
- 1 lingura ulei de masline
- 1 lingura suc de lamaie
- ½ cană ceapă verde tocată

Adrese:
1. Se incinge o tigaie cu ulei de masline la foc mediu, se adauga usturoiul si arpagicul, se amesteca si se prajesc 5 minute.
2. Adăugați peștele și prăjiți timp de 4 minute pe fiecare parte.
3. Se adauga zeama de lamaie, se presara parmezan deasupra, se mai lasa totul sa fiarba inca 2 minute, se imparte in farfurii si se serveste.

Nutriție: Calorii 275, Grăsimi 22,1, Fibre 5, Carbohidrați 18,2, Proteine 12

Amestec de tilapia și ceapă roșie

Timp de preparare: 10 minute.
Timp de preparare: 15 minute.
Porții: 4

Ingrediente:
- 4 fileuri de tilapia dezosate
- 2 linguri ulei de masline
- 1 lingura suc de lamaie
- 2 lingurite coaja de lamaie
- 2 cepe roșii, tocate
- 3 linguri de arpagic tocat

Adrese:
1. Se incinge o tigaie cu ulei la foc mediu, se adauga ceapa, coaja de lamaie si zeama de lamaie, se amesteca si se calesc 5 minute.
2. Adăugați peștele și ceapa primăvară, prăjiți 5 minute pe fiecare parte, transferați în farfurii și serviți.

Nutriție: Calorii 254, Grăsimi 18,2, Fibre 5,4, Carbohidrați 11,7, Proteine 4,5

salata de pastrav

Timp de preparare: 6 minute.
Timp de preparare: 0 minute.
Porții: 4

Ingrediente:
- 4 uncii de păstrăv afumat, fără piele, dezosat și tăiat cubulețe
- 1 lingura suc de lamaie
- 1/3 cană iaurt cu conținut scăzut de grăsimi
- 2 avocado, decojite, fără sâmburi și tăiate cubulețe
- 3 linguri de arpagic tocat
- piper negru după gust
- 1 lingura ulei de masline

Adrese:
1. Într-un castron, combinați păstrăvul cu avocado și celelalte ingrediente, amestecați și serviți.

Nutriție: Calorii 244, Grăsimi 9,45, Fibre 5,6, Carbohidrați 8,5, Proteine 15

Păstrăv balsamic

Timp de preparare: 5 minute.
Timp de preparare: 15 minute.
Porții: 4

Ingrediente:
- 3 linguri de otet balsamic
- 2 linguri ulei de masline
- 4 fileuri de păstrăv dezosate
- 3 linguri patrunjel tocat marunt
- 2 catei de usturoi tocati

Adrese:
1. Se incinge o tigaie cu ulei la foc mediu, se adauga pastravul si se prajeste 6 minute pe fiecare parte.
2. Adăugați ingredientele rămase, gătiți încă 3 minute, împărțiți în farfurii și serviți cu o salată.

Nutriție: Calorii 314, Lipide 14,3, Fibre 8,2, Carbohidrați 14,8, Proteine 11,2

Somon cu patrunjel

Timp de preparare: 5 minute.
Timp de gătire: 12 minute.
Porții: 4

Ingrediente:
- 2 arpagic tocat
- 2 lingurite suc de lamaie
- 1 lingura arpagic tocat
- 1 lingura ulei de masline
- 4 fileuri de somon dezosate
- piper negru după gust
- 2 linguri patrunjel tocat

Adrese:
1. Se incinge o tigaie cu ulei la foc mediu, se adauga ceapa primavara, se amesteca si se caleste 2 minute.
2. Se adauga somonul si celelalte ingrediente, se prajesc 5 minute pe fiecare parte, se transfera in farfurii si se servesc.

Nutriție: Calorii 290, grăsimi 14,4, fibre 5,6, carbohidrați 15,6, proteine 9,5

Salata de pastrav si legume

Timp de preparare: 5 minute.
Timp de preparare: 0 minute.
Porții: 4

Ingrediente:
- 2 linguri ulei de masline
- ½ cană măsline Kalamata, fără sâmburi și tocate
- piper negru după gust
- 1 kilogram de păstrăv afumat fără oase și piele, tăiat cubulețe
- ½ linguriță coajă de lămâie
- 1 lingura suc de lamaie
- 1 cană de roșii cherry, tăiate la jumătate
- ½ ceapă roșie, feliată
- 2 cani de rucola de pui

Adrese:
1. Într-un bol, combinați păstrăvul afumat cu măslinele, piperul negru și celelalte ingrediente, amestecați și serviți.

Nutriție: Calorii 282, Lipide 13,4, Fibre 5,3, Carbohidrați 11,6, Proteine 5,6

somon șofran

Timp de preparare: 10 minute.
Timp de gătire: 12 minute.
Porții: 4

Ingrediente:
- piper negru după gust
- ½ lingurita boia dulce
- 4 fileuri de somon dezosate
- 3 linguri ulei de masline
- 1 ceapa galbena tocata
- 2 catei de usturoi tocati
- ¼ de linguriță pudră de turmeric

Adrese:
1. Se încălzește o tigaie cu ulei de măsline la foc mediu-mare, se adaugă ceapa și usturoiul, se amestecă și se prăjesc timp de 2 minute.
2. Se adauga somonul si celelalte ingrediente, se prajesc 5 minute pe fiecare parte, se transfera in farfurii si se servesc.

Nutriție: Calorii 339, grăsimi 21,6, fibre 0,7, carbohidrați 3,2, proteine 35

Salată de creveți și pepene verde

Timp de preparare: 10 minute.
Timp de preparare: 0 minute.
Porții: 4

Ingrediente:
- ¼ cană busuioc, tocat
- 2 căni de pepene verde, decojit și tăiat cubulețe
- 2 linguri de otet balsamic
- 2 linguri ulei de masline
- 1 kilogram de creveți, decojiți, curățați și fierți
- piper negru după gust
- 1 lingura patrunjel tocat

Adrese:
1. Într-un bol, combinați creveții cu pepenele verde și celelalte ingrediente, amestecați și serviți.

Nutriție: Calorii 220, Grăsimi 9, Fibre 0,4, Carbohidrați 7,6, Proteine 26,4

Salată de creveți și quinoa cu oregano

Timp de preparare: 5 minute.
Timp de preparare: 8 minute.
Porții: 4

Ingrediente:
- 1 kilogram de creveți, curățați și devenați
- 1 cană quinoa fiartă
- piper negru după gust
- 1 lingura ulei de masline
- 1 lingura oregano tocat
- 1 ceapa rosie tocata
- 1 suc de lamaie

Adrese:
1. Se incinge o tigaie cu ulei de masline la foc mediu-mare, se adauga ceapa, se amesteca si se caleste 2 minute.
2. Adăugați creveții, amestecați și gătiți timp de 5 minute.
3. Adăugați ingredientele rămase, amestecați, împărțiți totul în boluri și serviți.

Nutriție: Calorii 336, Lipide 8,2, Fibre 4,1, Carbohidrați 32,3, Proteine 32,3

salata de crabi

Timp de preparare: 10 minute.
Timp de preparare: 0 minute.
Porții: 4

Ingrediente:
- 1 lingura ulei de masline
- 2 căni de carne de crab
- piper negru după gust
- 1 cană de roșii cherry, tăiate la jumătate
- 1 eșalotă tocată mărunt
- 1 lingura suc de lamaie
- 1/3 cana coriandru tocat

Adrese:
1. Într-un castron, combinați crabul cu roșiile și celelalte ingrediente, amestecați și serviți.

Nutriție: Calorii 54, grăsimi 3,9, fibre 0,6, carbohidrați 2,6, proteine 2,3

Scoici balsamic

Timp de preparare: 4 minute.
Timp de preparare: 6 minute.
Porții: 4

Ingrediente:
- 12 uncii de midii
- 2 linguri ulei de masline
- 2 catei de usturoi tocati
- 1 lingura otet balsamic
- 1 cană de arpagic, feliat
- 2 linguri coriandru tocat

Adrese:
1. Se incinge o tigaie cu ulei de masline la foc mediu, se adauga arpagicul si usturoiul si se prajesc 2 minute.
2. Adaugam scoicile si ingredientele ramase, prajim 2 minute pe fiecare parte, transferam pe farfurii si servim.

Nutriție: Calorii 146, Lipide 7,7, Fibre 0,7, Carbohidrați 4,4, Proteine 14,8

Amestecul cremos de talpă

Timp de preparare: 10 minute.
Timp de preparare: 20 minute.
Porții: 4

Ingrediente:
- 2 linguri ulei de masline
- 1 ceapa rosie tocata
- piper negru după gust
- ½ cană bulion de legume cu conținut scăzut de sodiu
- 4 file de limbă, dezosate
- ½ cană cremă de cocos
- 1 lingură mărar tocat

Adrese:
1. Se incinge o tigaie cu ulei la foc mediu, se adauga ceapa, se amesteca si se caleste 5 minute.
2. Adăugați peștele și prăjiți timp de 4 minute pe fiecare parte.
3. Adăugați ingredientele rămase, gătiți încă 7 minute, împărțiți în farfurii și serviți.

Nutriție: Calorii 232, Grăsimi 12,3, Fibre 4, Carbohidrați 8,7, Proteine 12

Amestecul picant de somon și mango

Timp de preparare: 5 minute.
Timp de preparare: 0 minute.
Porții: 4

Ingrediente:
- 1 kilogram de somon afumat fara oase, piele si fulgi
- piper negru după gust
- 1 ceapa rosie tocata
- 1 mango, decojit, fără sămânță și tocat
- 2 ardei jalapeno, tocat
- ¼ cană pătrunjel tocat
- 3 linguri suc de lamaie
- 1 lingura ulei de masline

Adrese:
2. Într-un bol, combinați somonul cu piperul negru și celelalte ingrediente, amestecați și serviți.

Nutriție: Calorii 323, Grăsimi 14,2, Fibre 4, Carbohidrați 8,5, Proteine 20,4

Amestecul de creveți și mărar

Timp de preparare: 5 minute.
Timp de preparare: 0 minute.
Porții: 4

Ingrediente:
- 2 lingurite suc de lamaie
- 1 lingura ulei de masline
- 1 lingură mărar tocat
- 1 kilogram de creveți, fierți, curățați și devenați
- piper negru după gust
- 1 cană ridichi, tăiate cubulețe

Adrese:
1. Într-un bol, combinați creveții cu sucul de lămâie și celelalte ingrediente, amestecați și serviți.

Nutriție: Calorii 292, Grăsimi 13, Fibre 4,4, Carbohidrați 8, Proteine 16,4

Chiftă de somon

Timp de preparare: 4 minute.
Timp de preparare: 0 minute.
Porții: 6

Ingrediente:

- 6 uncii de somon afumat, dezosat, fără piele și mărunțit
- 2 linguri de iaurt cu conținut scăzut de grăsimi
- 3 lingurite suc de lamaie
- 2 arpagic tocat
- 8 uncii cremă de brânză cu conținut scăzut de grăsimi
- ¼ cană coriandru tocat

Adrese:

1. Într-un bol, combinați somonul cu iaurtul și celelalte ingrediente, amestecați și serviți rece.

Nutriție: Calorii 272, grăsimi 15,2, fibre 4,3, carbohidrați 16,8, proteine 9,9

Creveți cu anghinare

Timp de preparare: 4 minute.
Timp de preparare: 8 minute.
Porții: 4

Ingrediente:
- 2 cepe primavara tocate
- 1 cană de anghinare nesărate din conserve, scurse și tăiate în sferturi
- 2 linguri coriandru tocat
- 1 kilogram de creveți, curățați și devenați
- 1 cană de roșii cherry, tăiate cubulețe
- 1 lingura ulei de masline
- 1 lingura otet balsamic
- Un praf de sare si piper negru.

Adrese:
1. Se incinge o tigaie cu ulei la foc mediu, se adauga ceapa si anghinarea, se amesteca si se fierbe 2 minute.
2. Adăugați creveții, amestecați și gătiți la foc mediu timp de 6 minute.
3. Împărțiți între boluri și serviți.

Nutriție: Calorii 260, grăsimi 8,23, fibre 3,8, carbohidrați 14,3, proteine 12,4

Creveți cu sos de lămâie

Timp de preparare: 5 minute.
Timp de preparare: 8 minute.
Porții: 4

Ingrediente:
- 1 kilogram de creveți, curățați și devenați
- 2 linguri ulei de masline
- Coaja rasă a 1 lămâie
- Suc de o jumătate de lămâie
- 1 lingura arpagic tocat

Adrese:
1. Se încălzește o tigaie cu ulei de măsline la foc mediu-mare, se adaugă coaja de lămâie, sucul de lămâie și coriandru, se amestecă și se fierbe timp de 2 minute.
2. Adaugati crevetii, gatiti inca 6 minute, transferati in farfurii si serviti.

Nutriție: Calorii 195, Lipide 8,9, Fibre 0, Carbohidrați 1,8, Proteine 25,9

Amestecul de ton și portocale

Timp de preparare: 5 minute.
Timp de gătire: 12 minute.
Porții: 4

Ingrediente:
- 4 fripturi de ton dezosate
- piper negru după gust
- 2 linguri ulei de masline
- 2 salote tocate
- 3 linguri de suc de portocale
- 1 portocala, curatata si taiata felii
- 1 lingura oregano tocat

Adrese:
1. Se încălzește o tigaie cu ulei la foc mediu-mare, se adaugă șalota, se amestecă și se prăjește timp de 2 minute.
2. Adăugați tonul și alte ingrediente, gătiți încă 10 minute, împărțiți în farfurii și serviți.

Nutriție: Calorii 457, Grăsimi 38,2, Fibre 1,6, Carbohidrați 8,2, Proteine 21,8

curry de somon

Timp de preparare: 10 minute.
Timp de preparare: 20 minute.
Porții: 4

Ingrediente:
- 1 kg file de somon, dezosat și tăiat cubulețe
- 3 linguri pasta de curry rosu
- 1 ceapa rosie tocata
- 1 lingurita boia dulce
- 1 cana crema de cocos
- 1 lingura ulei de masline
- piper negru după gust
- ½ cană supă de pui cu conținut scăzut de sodiu
- 3 linguri busuioc tocat

Adrese:
1. Se incinge o tigaie cu ulei la foc mediu-mare, se adauga ceapa, ardeii si pasta de curry, se amesteca si se fierbe 5 minute.
2. Se adauga somonul si celelalte ingrediente, se amesteca usor, se fierbe la foc mediu 15 minute, se imparte in boluri si se serveste.

Nutriție: Calorii 377, grăsimi 28,3, fibre 2,1, carbohidrați 8,5, proteine 23,9

Amestecul de somon și morcov

Timp de preparare: 10 minute.
Timp de preparare: 15 minute.
Porții: 4

Ingrediente:
- 4 fileuri de somon dezosate
- 1 ceapa rosie tocata
- 2 morcovi feliați
- 2 linguri ulei de masline
- 2 linguri de otet balsamic
- piper negru după gust
- 2 linguri de arpagic tocat
- ¼ cană bulion de legume cu conținut scăzut de sodiu

Adrese:
1. Se incinge o tigaie cu ulei la foc mediu, se adauga ceapa si morcovii, se amesteca si se prajesc 5 minute.
2. Adăugați somonul și alte ingrediente, gătiți încă 10 minute, împărțiți în farfurii și serviți.

Nutriție: Calorii 322, Grăsimi 18, Fibre 1,4, Carbohidrați 6, Proteine 35,2

Amestecul de creveți și nuci de pin

Timp de preparare: 10 minute.
Timp de preparare: 10 minute.
Porții: 4

Ingrediente:
- 1 kilogram de creveți, curățați și devenați
- 2 linguri nuci de pin
- 1 lingura suc de lamaie
- 2 linguri ulei de masline
- 3 catei de usturoi tocati
- piper negru după gust
- 1 lingura de cimbru tocat
- 2 linguri de arpagic tocat

Adrese:
1. Se incinge o tigaie cu ulei la foc mediu, se adauga usturoiul, cimbru, nucile de pin si zeama de lamaie, se amesteca si se fierbe 3 minute.
2. Adăugați creveții, piper negru și arpagicul, amestecați, gătiți încă 7 minute, transferați în farfurii și serviți.

Nutriție: Calorii 290, Grăsimi 13, Fibre 4,5, Carbohidrați 13,9, Proteine 10

Cod și fasole verde

Timp de preparare: 10 minute.
Timp de preparare: 14 minute.
Porții: 4

Ingrediente:
- 4 file cu cod liber
- ½ kilogram de fasole verde, curățată și tăiată la jumătate
- 1 lingura suc de lamaie
- 1 lingura coaja de lamaie
- 1 ceapa galbena tocata
- 2 linguri ulei de masline
- 1 lingurita de chimion, macinat
- 1 lingurita pudra de chili
- ½ cană bulion de legume cu conținut scăzut de sodiu
- Un praf de sare si piper negru.

Adrese:
1. Se încălzește o tigaie cu ulei la foc mediu-mare, se adaugă ceapa, se amestecă și se fierbe timp de 2 minute.
2. Adăugați peștele și prăjiți timp de 3 minute pe fiecare parte.
3. Adăugați fasolea verde și ingredientele rămase, amestecați ușor, gătiți încă 7 minute, împărțiți în farfurii și serviți.

Nutriție: Calorii 220, Grăsimi 13, Carbohidrați 14,3, Fibre 2,3, Proteine 12

Catei de usturoi

Timp de preparare: 5 minute.
Timp de preparare: 8 minute.
Porții: 4

Ingrediente:
- 12 scoici
- 1 ceapa rosie feliata
- 2 linguri ulei de masline
- ½ lingurita de usturoi tocat
- 2 linguri suc de lamaie
- piper negru după gust
- 1 lingurita otet balsamic

Adrese:
1. Se incinge o tigaie cu ulei de masline la foc mediu, se adauga ceapa si usturoiul si se calesc 2 minute.
2. Adăugați scoici și alte ingrediente, gătiți la foc mediu încă 6 minute, transferați în farfurii și serviți fierbinți.

Nutriție: Calorii 259, Grăsimi 8, Fibre 3, Carbohidrați 5,7, Proteine 7

Mix cremos de biban de mare

Timp de preparare: 10 minute.
Timp de preparare: 14 minute.
Porții: 4

Ingrediente:
- 4 fileuri de biban de mare dezosate
- 1 cana crema de cocos
- 1 ceapa galbena tocata
- 1 lingura suc de lamaie
- 2 linguri ulei de avocado
- 1 lingura patrunjel tocat
- Un praf de piper negru

Adrese:
1. Se incinge o tigaie cu ulei la foc mediu, se adauga ceapa, se amesteca si se caleste 2 minute.
2. Adăugați peștele și prăjiți timp de 4 minute pe fiecare parte.
3. Adăugați ingredientele rămase, gătiți încă 4 minute, împărțiți în farfurii și serviți.

Nutriție: Calorii 283, Lipide 12,3, Fibre 5, Carbohidrați 12,5, Proteine 8

Amestecul de biban și ciuperci

Timp de preparare: 10 minute.
Timp de preparare: 13 minute.
Porții: 4

Ingrediente:
- 4 fileuri de biban de mare dezosate
- 2 linguri ulei de masline
- piper negru după gust
- ½ cană ciuperci albe, feliate
- 1 ceapa rosie tocata
- 2 linguri de otet balsamic
- 3 linguri coriandru tocat

Adrese:
1. Se încălzește o tigaie cu ulei de măsline la foc mediu-mare, se adaugă ceapa și ciupercile, se amestecă și se fierbe timp de 5 minute.
2. Se adauga pestele si celelalte ingrediente, se prajesc 4 minute pe fiecare parte, se transfera in farfurii si se servesc.

Nutriție: Calorii 280, Lipide 12,3, Fibre 8, Carbohidrați 13,6, Proteine 14,3

Supă de somon

Timp de preparare: 5 minute.
Timp de preparare: 20 minute.
Porții: 4

Ingrediente:
- 1 kilogram de fileuri de somon dezosate și fără piele, tăiate cubulețe
- 1 cana ceapa galbena tocata
- 2 linguri ulei de masline
- piper negru după gust
- 2 căni de bulion de legume cu conținut scăzut de sodiu
- 1,5 cani de rosii tocate
- 1 lingura busuioc tocat

Adrese:
1. Se incinge o tigaie cu ulei la foc mediu, se adauga ceapa, se amesteca si se caleste 5 minute.
2. Adăugați somonul și alte ingrediente, aduceți la fiert și fierbeți la foc mediu timp de 15 minute.
3. Împărțiți supa în boluri și serviți.

Nutriție: Calorii 250, Grăsimi 12,2, Fibre 5, Carbohidrați 8,5, Proteine 7

Creveți de nucșoară

Timp de preparare: 3 minute.
Timp de preparare: 6 minute.
Porții: 4

Ingrediente:
- 1 kilogram de creveți, curățați și devenați
- 2 linguri ulei de masline
- 1 lingura suc de lamaie
- 1 lingura de nucsoara macinata
- piper negru după gust
- 1 lingura coriandru tocat

Adrese:
1. Se încălzește o tigaie cu ulei la foc mediu, se adaugă creveții, zeama de lămâie și alte ingrediente, se amestecă, se fierbe timp de 6 minute, se împarte în boluri și se servesc.

Nutriție: Calorii 205, Grăsimi 9,6, Fibre 0,4, Carbohidrați 2,7, Proteine 26

Amestecul de creveți și fructe de pădure

Timp de preparare: 4 minute.
Timp de preparare: 6 minute.
Porții: 4

Ingrediente:
- 1 kilogram de creveți, curățați și devenați
- ½ cană de roșii, tăiate cubulețe
- 2 linguri ulei de masline
- 1 lingura otet balsamic
- ½ ceasca de capsuni tocate
- piper negru după gust

Adrese:
1. Se incinge o tigaie cu ulei la foc mediu, se adauga crevetii, se amesteca si se fierbe 3 minute.
2. Adăugați ingredientele rămase, amestecați, gătiți încă 3-4 minute, împărțiți în boluri și serviți.

Nutriție: Calorii 205, Grăsimi 9, Fibre 0,6, Carbohidrați 4, Proteine 26,2

păstrăv lamaie copt

Timp de preparare: 10 minute.
Timp de preparare: 30 minute.
Porții: 4

Ingrediente:
- 4 păstrăvi
- 1 lingura coaja de lamaie
- 2 linguri ulei de masline
- 2 linguri suc de lamaie
- Un praf de piper negru
- 2 linguri coriandru tocat

Adrese:
1. Într-o tavă de copt, amestecați și frecați peștele cu coaja de lămâie și celelalte ingrediente.
2. Se coace la 180°C timp de 30 de minute, se distribuie pe farfurii si se serveste.

Nutriție: Calorii 264, Grăsimi 12,3, Fibre 5, Carbohidrați 7, Proteine 11

Coji de arpagic

Timp de preparare: 3 minute.
Timp de preparare: 4 minute.
Porții: 4

Ingrediente:
- 12 scoici
- 2 linguri ulei de masline
- piper negru după gust
- 2 linguri de arpagic tocat
- 1 lingura boia dulce

Adrese:
1. Se incinge o tigaie cu ulei la foc mediu, se adauga scoici, ardei si alte ingrediente si se prajesc 2 minute pe fiecare parte.
2. Împărțiți în farfurii și serviți cu o salată.

Nutriție: Calorii 215, Grăsimi 6, Fibre 5, Carbohidrați 4,5, Proteine 11

Chiftele de ton

Timp de preparare: 10 minute.
Timp de preparare: 30 minute.
Porții: 4

Ingrediente:
- 2 linguri ulei de masline
- 1 kilogram de ton, fără piele, dezosat și tocat
- 1 ceapa galbena tocata
- ¼ cană de arpagic tocat
- 1 ou bătut
- 1 lingură făină de cocos
- Un praf de sare si piper negru.

Adrese:
1. Într-un castron, amestecați tonul cu ceapa și restul ingredientelor, cu excepția uleiului și formați chiftelute de mărime medie.
2. Aranjați chiftelele pe o tavă de copt, ungeți cu ulei, dați la cuptor la 180°C, fierbeți 30 de minute, distribuiți pe farfurii și serviți.

Nutriție: Calorii 291, Grăsimi 14,3, Fibre 5, Carbohidrați 12,4, Proteine 11

tigaie cu somon

Timp de preparare: 10 minute.
Timp de gătire: 12 minute.
Porții: 4

Ingrediente:
- 4 fileuri de somon dezosate si tocate
- 2 linguri ulei de masline
- Tăiați 1 ardei roșu în fâșii
- 1 dovlecel, tocat grosier
- 1 vinete, taiata cubulete
- 1 lingura suc de lamaie
- 1 lingură mărar tocat
- ¼ cană bulion de legume cu conținut scăzut de sodiu
- 1 lingurita praf de usturoi
- Un praf de piper negru

Adrese:
1. Se incinge o tigaie cu ulei de masline la foc mediu, se adauga ardeii, dovlecelul si vinetele, se amesteca si se prajesc 3 minute.
2. Adăugați somonul și celelalte ingrediente, amestecați ușor, gătiți încă 9 minute, transferați în farfurii și serviți.

Nutriție: Calorii 348, Lipide 18,4, Fibre 5,3, Carbohidrați 11,9, Proteine 36,9

Cod amestecat cu mustar

Timp de preparare: 10 minute.
Timp de preparare: 25 minute.
Porții: 4

Ingrediente:
- 4 file de cod, fără piele și dezosat
- Un praf de piper negru
- 1 lingurita de ghimbir ras
- 1 lingura de mustar
- 2 linguri ulei de masline
- 1 lingurita de cimbru uscat
- ¼ linguriță de chimen măcinat
- 1 lingurita pudra de turmeric
- ¼ cană coriandru tocat
- 1 cană bulion de legume cu conținut scăzut de sodiu
- 3 catei de usturoi tocati

Adrese:
1. Într-o tavă de copt, combinați codul cu piper negru, ghimbirul și ingredientele rămase, amestecați ușor și coaceți la 160°C timp de 25 de minute.
2. Împărțiți amestecul în farfurii și serviți.

Nutriție: Calorii 176, grăsimi 9, fibre 1, carbohidrați 3,7, proteine 21,2

Amestecul de creveți și sparanghel

Timp de preparare: 10 minute.
Timp de preparare: 14 minute.
Porții: 4

Ingrediente:
- 1 buchet de sparanghel, taiat la jumatate
- 1 kilogram de creveți, curățați și devenați
- piper negru după gust
- 2 linguri ulei de masline
- 1 ceapa rosie tocata
- 2 catei de usturoi tocati
- 1 cana crema de cocos

Adrese:
1. Se incinge o tigaie cu ulei de masline la foc mediu, se adauga ceapa, usturoiul si sparanghelul, se amesteca si se fierbe 4 minute.
2. Adăugați creveții și alte ingrediente, amestecați, gătiți la foc mediu timp de 10 minute, împărțiți totul în boluri și serviți.

Nutriție: Calorii 225, Lipide 6, Fibre 3,4, Carbohidrați 8,6, Proteine 8

Cod și mazăre

Timp de preparare: 10 minute.
Timp de preparare: 20 minute.
Porții: 4

Ingrediente:
- 1 ceapa galbena tocata
- 2 linguri ulei de masline
- ½ cană supă de pui cu conținut scăzut de sodiu
- 4 fileuri de cod, dezosate, fără piele
- piper negru după gust
- 1 cană de mazăre

Adrese:
1. Se incinge o tigaie cu ulei la foc mediu, se adauga ceapa, se amesteca si se caleste 4 minute.
2. Adăugați peștele și prăjiți timp de 3 minute pe fiecare parte.
3. Adăugați mazărea și alte ingrediente, gătiți încă 10 minute, împărțiți în farfurii și serviți.

Nutriție: Calorii 240, grăsimi 8,4, fibre 2,7, carbohidrați 7,6, proteine 14

Creveți și scoici de midii

Timp de preparare: 5 minute.
Timp de gătire: 12 minute.
Porții: 4

Ingrediente:
- 1 kg midii, spalate
- ½ cană supă de pui cu conținut scăzut de sodiu
- 1 kilogram de creveți, curățați și devenați
- 2 salote tocate
- 1 cană de roșii cherry, tăiate cubulețe
- 2 catei de usturoi tocati
- 1 lingura ulei de masline
- 1 suc de lamaie

Adrese:
1. Se incinge o tigaie cu ulei de masline la foc mediu, se adauga ceapa si usturoiul si se calesc 2 minute.
2. Adaugati crevetii, midii si alte ingrediente, gatiti totul la foc mediu timp de 10 minute, impartiti in boluri si serviti.

Nutriție: Calorii 240, grăsimi 4,9, fibre 2,4, carbohidrați 11,6, proteine 8

Crema de menta

Timp de construcție: 2 ore si 4 minute

Timp de preparare: 0 minute.
Porții: 4

Ingrediente:
- 4 căni de iaurt cu conținut scăzut de grăsimi
- 1 cana crema de cocos
- 3 linguri stevia
- 2 lingurite coaja de lamaie
- 1 lingura menta tocata

Adrese:
1. Într-un mixer, combinați smântâna cu iaurtul și ingredientele rămase, amestecați bine, turnați în pahare și dați la frigider timp de 2 ore înainte de servire.

Nutriție: Calorii 512, grăsimi 14,3, fibre 1,5, carbohidrați 83,6, proteine 12,1

Budinca de zmeura

Timp de preparare: 10 minute.
Timp de gătire: 24 minute.
Porții: 4

Ingrediente:
- 1 cană zmeură
- 2 lingurite de zahar din floare de cocos
- 3 oua batute
- 1 lingura ulei de avocado
- ½ cană lapte de migdale
- ½ cană făină de cocos
- ¼ cană iaurt cu conținut scăzut de grăsimi

Adrese:
1. Într-un castron, combinați zmeura cu zahărul și toate celelalte ingrediente, cu excepția spray-ului de gătit și amestecați bine.
2. Ungeți o formă de budincă cu spray de gătit, adăugați amestecul de zmeură, întindeți-l, coaceți la cuptor la 200°C timp de 24 de minute, împărțiți-l în farfurii de desert și serviți.

Nutriție: Calorii 215, grăsimi 11,3, fibre 3,4, carbohidrați 21,3, proteine 6,7

Batoane de migdale

Timp de preparare: 10 minute.
Timp de preparare: 30 minute.
Porții: 4

Ingrediente:
- 1 cană migdale zdrobite
- 2 oua batute
- ½ cană lapte de migdale
- 1 lingurita extract de vanilie
- 2/3 cană zahăr de cocos
- 2 cani de faina integrala
- 1 lingurita praf de drojdie
- Spray de gatit

Adrese:
1. Într-un castron, combinați migdalele cu ouăle și toate celelalte ingrediente, cu excepția spray-ului de gătit și amestecați bine.
2. Se toarnă într-o tavă pătrată unsă cu spray de gătit, se întinde bine, se coace 30 de minute, se lasă să se răcească, se taie în batoane și se servește.

Nutriție: Calorii 463, grăsimi 22,5, fibre 11, carbohidrați 54,4, proteine 16,9

Amestecul de piersici prăjite

Timp de preparare: 10 minute.
Timp de preparare: 30 minute.
Porții: 4

Ingrediente:
- 4 piersici, fără sâmburi și tăiate la jumătate
- 1 lingura zahar din floare de cocos
- 1 lingurita extract de vanilie
- ¼ lingurita de scortisoara macinata
- 1 lingura ulei de avocado

Adrese:
1. Se amestecă piersicile cu zahărul și alte ingrediente într-o tavă de copt, se coace la 180 °C timp de 30 de minute, se lasă să se răcească și se servește.

Nutriție: Calorii 91, grăsimi 0,8, fibre 2,5, carbohidrați 19,2, proteine 1,7

Plăcintă pecan

Timp de preparare: 10 minute.
Timp de preparare: 25 minute.
Porții: 8

Ingrediente:
- 3 cani de faina de migdale
- 1 cană zahăr de cocos
- 1 lingura extract de vanilie
- ½ ceasca de nuci tocate
- 2 lingurite praf de copt
- 2 cani de lapte de cocos
- ½ cană ulei de cocos topit

Adrese:
1. Intr-un bol amestecam faina de migdale cu zaharul si ingredientele ramase, amestecam bine, turnam intr-o forma de tort, intindem, dam la cuptor la 180°C si coacem 25 de minute.
2. Lasam prajitura sa se raceasca, taiem felii si servim.

Nutriție: Calorii 445, Grăsimi 10, Fibre 6,5, Carbohidrați 31,4, Proteine 23,5

Prăjitură cu mere

Timp de preparare: 10 minute.
Timp de preparare: 30 minute.
Porții: 4

Ingrediente:
- 2 cani de faina de migdale
- 1 lingurita bicarbonat de sodiu
- 1 lingurita praf de drojdie
- ½ lingurita de scortisoara macinata
- 2 linguri zahar de cocos
- 1 cană lapte de migdale
- 2 mere verzi, fără miez, decojite și tăiate cubulețe
- Spray de gatit

Adrese:
1. Într-un castron, combinați făina, praful de copt, merele și toate celelalte ingrediente, cu excepția spray-ului de gătit și amestecați bine.
2. Se toarnă într-o formă de tort unsă cu spray de gătit, se întinde bine, se da la cuptor și se coace la 180°C timp de 30 de minute.
3. Lasam prajitura sa se raceasca, taiem felii si servim.

Nutriție: Calorii 332, grăsimi 22,4, fibre 91,6, carbohidrați 22,2, proteine 12,3

Crema de scortisoara

Timp de preparare: 2 ore.
Timp de preparare: 10 minute.
Porții: 4

Ingrediente:
- 1 cană lapte de migdale degresat
- 1 cana crema de cocos
- 2 căni de zahăr de cocos
- 2 linguri de scorțișoară pudră
- 1 lingurita extract de vanilie

Adrese:
1. Se încălzește o tigaie cu laptele de migdale la foc mediu, se adaugă ingredientele rămase, se amestecă și se fierbe încă 10 minute.
2. Împărțiți amestecul în boluri, lăsați să se răcească și dați la frigider timp de 2 ore înainte de servire.

Nutriție: Calorii 254, Grăsimi 7,5, Fibre 5, Carbohidrați 16,4, Proteine 9,5

amestec cremos de căpșuni

Timp de preparare: 10 minute.
Timp de preparare: 0 minute.
Porții: 4

Ingrediente:
- 1 lingurita extract de vanilie
- 2 cani de capsuni tocate
- 1 lingurita zahar din floare de cocos
- 8 uncii de iaurt cu conținut scăzut de grăsimi

Adrese:
1. Într-un castron, combinați căpșunile cu vanilia și celelalte ingrediente, amestecați și serviți rece.

Nutriție: Calorii 343, Lipide 13,4, Fibre 6, Carbohidrați 15,43, Proteine 5,5

Brownies cu vanilie si nuca

Timp de preparare: 10 minute.
Timp de preparare: 25 minute.
Porții: 8

Ingrediente:
- 1 cana nuci tocate
- 3 linguri zahar din floare de cocos
- 2 linguri pudra de cacao
- 3 oua batute
- ¼ cană ulei de cocos, topit
- ½ linguriță de praf de copt
- 2 lingurite extract de vanilie
- Spray de gatit

Adrese:
1. În robotul dvs. de bucătărie, combinați nucile cu zahărul de cocos și toate celelalte ingrediente, cu excepția spray-ului de gătit și pulsați bine.
2. Ungeți o tavă pătrată cu spray de gătit, adăugați amestecul de brownie, întindeți, puneți la cuptor, coaceți la 350 de grade F timp de 25 de minute, răciți, feliați și serviți.

Nutriție: Calorii 370, Lipide 14,3, Fibre 3, Carbohidrați 14,4, Proteine 5,6

tort de capsuni

Timp de preparare: 10 minute.
Timp de preparare: 25 minute.
Porții: 6

Ingrediente:
- 2 cani de faina integrala
- 1 cana capsuni tocate
- ½ linguriță de praf de copt
- ½ cană zahăr de cocos
- ¾ cană lapte de cocos
- ¼ cană ulei de cocos, topit
- 2 oua batute
- 1 lingurita extract de vanilie
- Spray de gatit

Adrese:
1. Într-un castron, amestecați făina cu căpșunile și celelalte ingrediente, cu excepția spray-ului de cola și amestecați bine.
2. Ungeți o tavă de tort cu spray de gătit, turnați amestecul de tort, întindeți, coaceți la cuptor la 350 de grade Fahrenheit timp de 25 de minute, lăsați să se răcească, feliați și serviți.

Nutriție: Calorii 465, Grăsimi 22,1, Fibre 4, Carbohidrați 18,3, Proteine 13,4

Budinca de cacao

Timp de preparare: 10 minute.
Timp de preparare: 10 minute.
Porții: 4

Ingrediente:
- 2 linguri zahar de cocos
- 3 linguri faina de cocos
- 2 linguri pudra de cacao
- 2 cani de lapte de migdale
- 2 oua batute
- ½ linguriță extract de vanilie

Adrese:
1. Se toarnă laptele într-o cratiță, se adaugă cacao și alte ingrediente, se amestecă, se fierbe la foc mediu timp de 10 minute, se toarnă în căni mici și se servește rece.

Nutriție: Calorii 385, grăsimi 31,7, fibre 5,7, carbohidrați 21,6, proteine 7,3

Crema de nucsoara si vanilie

Timp de preparare: 10 minute.
Timp de preparare: 0 minute.
Porții: 6

Ingrediente:
- 3 căni de lapte degresat
- 1 lingurita nucsoara macinata
- 2 lingurite extract de vanilie
- 4 lingurite de zahar din floare de cocos
- 1 cana nuci tocate

Adrese:
1. Într-un castron, combinați laptele cu nucşoara şi celelalte ingrediente, amestecați bine, împărțiți în căni mici şi serviți rece.

Nutriție: Calorii 243, grăsimi 12,4, fibre 1,5, carbohidrați 21,1, proteine 9,7

Crema de avocado

Timp de construcție: 1 oră și 10 minute

Timp de preparare: 0 minute.
Porții: 4

Ingrediente:
- 2 cesti crema de cocos
- 2 avocado, decojite, fără sâmburi și piure
- 2 linguri zahar de cocos
- 1 lingurita extract de vanilie

Adrese:
1. Într-un blender, combinați smântâna cu avocado și ingredientele rămase, pasați bine în piure, împărțiți în căni și puneți la frigider timp de 1 oră înainte de servire.

Nutriție: Calorii 532, grăsimi 48,2, fibre 9,4, carbohidrați 24,9, proteine 5,2

crema de zmeura

Timp de preparare: 10 minute.
Timp de preparare: 25 minute.
Porții: 4

Ingrediente:
- 2 linguri faina de migdale
- 1 cana crema de cocos
- 3 căni de zmeură
- 1 cană zahăr de cocos
- 8 uncii cremă de brânză cu conținut scăzut de grăsimi

Adrese:
1. Într-un castron, amestecați făina cu smântână și alte ingrediente, puneți într-o tigaie rotundă, gătiți la 360 de grade F timp de 25 de minute, împărțiți-le în boluri și serviți.

Nutriție: Calorii 429, Lipide 36,3, Fibre 7,7, Carbohidrați 21,3, Proteine 7,8

Salata de pepene verde

Timp de preparare: 4 minute.
Timp de preparare: 0 minute.
Porții: 4

Ingrediente:
- 1 cană de pepene verde, decojit și tăiat cubulețe
- 2 mere, fără miez și tăiate cubulețe
- 1 lingura crema de cocos
- 2 banane, tăiate bucăți

Adrese:
1. Într-un bol, amestecați pepenele verde cu merele și celelalte ingrediente, amestecați și serviți.

Nutriție: Calorii 131, Grăsimi 1,3, Fibre 4,5, Carbohidrați 31,9, Proteine 1,3

Amestecul de nucă de cocos și pere

Timp de preparare: 10 minute.
Timp de preparare: 10 minute.
Porții: 4

Ingrediente:
- 2 lingurite suc de lamaie
- ½ cană cremă de cocos
- ½ cană nucă de cocos măruntită
- 4 pere, fără miez și tăiate cubulețe
- 4 linguri de zahăr din flori de cocos

Adrese:
1. Într-o tigaie, combinați perele cu sucul de lămâie și celelalte ingrediente, amestecați, puneți la foc mediu și gătiți timp de 10 minute.
2. Împărțiți între boluri și serviți rece.

Nutriție: Calorii 320, Lipide 7,8, Fibre 3, Carbohidrați 6,4, Proteine 4,7

Sos de mere

Timp de preparare: 10 minute.
Timp de preparare: 15 minute.
Porții: 4

Ingrediente:
- 5 linguri de zahăr din floare de cocos
- 2 cani de suc de portocale
- 4 mere, fără miez și tăiate cubulețe

Adrese:
1. Se amestecă merele cu zahărul și sucul de portocale într-o cratiță, se încălzesc la foc mediu, se fierb timp de 15 minute, se împart în boluri și se servesc rece.

Nutriție: Calorii 220, Lipide 5,2, Fibre 3, Carbohidrați 5,6, Proteine 5,6

Tocană de caise

Timp de preparare: 10 minute.
Timp de preparare: 15 minute.
Porții: 4

Ingrediente:
- 2 căni de caise, tăiate la jumătate
- 2 căni de apă
- 2 linguri zahar de cocos
- 2 linguri suc de lamaie

Adrese:
1. Într-o oală, amestecați caisele cu apa și celelalte ingrediente, amestecați, fierbeți la foc mediu timp de 15 minute, împărțiți în boluri și serviți.

Nutriție: Calorii 260, Lipide 6,2, Fibre 4,2, Carbohidrați 5,6, Proteine 6

Amestec de pepene și lămâie

Timp de preparare: 10 minute.
Timp de preparare: 10 minute.
Porții: 4

Ingrediente:
- 2 căni de pepene galben decojit și tocat
- 4 linguri de zahăr din flori de cocos
- 2 lingurite extract de vanilie
- 2 lingurite suc de lamaie

Adrese:
1. Într-o tigaie mică, combinați pepenele galben cu zahărul și celelalte ingrediente, amestecați, puneți la foc mediu, gătiți aproximativ 10 minute, împărțiți în boluri și serviți rece.

Nutriție: Calorii 140, Lipide 4, Fibre 3,4, Carbohidrați 6,7, Proteine 5

Cremă de rubarbă

Timp de preparare: 10 minute.
Timp de preparare: 14 minute.
Porții: 4

Ingrediente:
- 1/3 cană cremă de brânză cu conținut scăzut de grăsimi
- ½ cană cremă de cocos
- 2 kilograme de rubarbă, tocată
- 3 linguri zahar din floare de cocos

Adrese:
1. Intr-un mixer amestecam crema de branza cu smantana si celelalte ingrediente si presam bine.
2. Împărțiți în căni mici, puneți la cuptor și coaceți la 350 de grade F timp de 14 minute.
3. Se serveste rece.

Nutriție: Calorii 360, grăsimi 14,3, fibre 4,4, carbohidrați 5,8, proteine 5,2

Coji de ananas

Timp de preparare: 10 minute.
Timp de preparare: 0 minute.
Porții: 4

Ingrediente:
- 3 căni de ananas decojit și tăiat cubulețe
- 1 lingurita de seminte de chia
- 1 cana crema de cocos
- 1 lingurita extract de vanilie
- 1 lingura menta tocata

Adrese:
1. Într-un bol, combinați ananasul cu smântâna și celelalte ingrediente, amestecați, împărțiți în boluri mai mici și puneți la frigider pentru 10 minute înainte de servire.

Nutriție: Calorii 238, Grăsimi 16,6, Fibre 5,6, Carbohidrați 22,8, Proteine 3,3

Tocană de afine

Timp de preparare: 10 minute.
Timp de preparare: 10 minute.
Porții: 4

Ingrediente:
- 2 linguri suc de lamaie
- 1 cană de apă
- 3 linguri zahar din floare de cocos
- 12 uncii de afine

Adrese:
1. Intr-o tigaie amestecati afinele cu zaharul si celelalte ingrediente, aduceti la fiert si fierbeti la foc mediu 10 minute.
2. Împărțiți între boluri și serviți.

Nutriție: Calorii 122, Grăsimi 0,4, Fibre 2,1, Carbohidrați 26,7, Proteine 1,5

Budincă de lămâie

Timp de preparare: 10 minute.
Timp de preparare: 15 minute.
Porții: 4

Ingrediente:
- 2 cesti crema de cocos
- 1 suc de lamaie
- Coaja rasă a 1 lămâie
- 3 linguri ulei de cocos topit
- 1 ou bătut
- 1 lingurita praf de drojdie

Adrese:
1. Într-un bol, amestecați smântâna cu sucul de lămâie și celelalte ingrediente și amestecați bine.
2. Împărțiți în rame mici, introduceți la cuptor și coaceți la 180°C timp de 15 minute.
3. Servește budinca rece.

Nutriție: Calorii 385, Grăsimi 39,9, Fibre 2,7, Carbohidrați 8,2, Proteine 4,2

Crema de piersici

Timp de preparare: 10 minute.
Timp de preparare: 0 minute.
Porții: 4

Ingrediente:
- 3 cesti crema de cocos
- 2 piersici fără sâmburi și tocate
- 1 lingurita extract de vanilie
- ½ cană de migdale fulgi

Adrese:
1. Pune smântâna și ingredientele rămase într-un blender, amestecăm bine, împărțim în boluri mici și servim rece.

Nutriție: Calorii 261, Grăsimi 13, Fibre 5,6, Carbohidrați 7, Proteine 5,4

Amestecul de scorțișoară și prune

Timp de preparare: 10 minute.
Timp de preparare: 15 minute.
Porții: 4

Ingrediente:
- 1 kg prune, fără sâmburi și tăiate la jumătate
- 2 linguri zahar de cocos
- ½ lingurita de scortisoara macinata
- 1 cană de apă

Adrese:
1. Intr-o cratita amestecam prunele cu zaharul si celelalte ingrediente, aducem la fiert si fierbem la foc mediu 15 minute.
2. Împărțiți între boluri și serviți rece.

Nutriție: Calorii 142, Grăsimi 4, Fibre 2,4, Carbohidrați 14, Proteine 7

Măr chia și vanilie

Timp de preparare: 10 minute.
Timp de preparare: 10 minute.
Porții: 4

Ingrediente:
- 2 căni de mere, fără miez și feliate
- 2 linguri de seminte de chia
- 1 lingurita extract de vanilie
- 2 cani de suc natural de mere neindulcit

Adrese:
1. Într-o cratiță mică, combinați merele cu semințele de chia și alte ingrediente, amestecați, gătiți la foc mediu timp de 10 minute, împărțiți în boluri și serviți rece.

Nutriție: Calorii 172, Grăsimi 5,6, Fibre 3,5, Carbohidrați 10, Proteine 4,4

Budincă de orez și pere

Timp de preparare: 10 minute.
Timp de preparare: 25 minute.
Porții: 4

Ingrediente:
- 6 căni de apă
- 1 cană zahăr de cocos
- 2 căni de orez negru
- 2 pere, fără miez și tăiate cubulețe
- 2 lingurițe de scorțișoară pudră

Adrese:
1. Se toarnă apă într-o cratiță, se încălzește la foc mediu-mare, se adaugă orez, zahăr și alte ingrediente, se amestecă, se aduce la fierbere, se reduce focul la mediu și se fierbe timp de 25 de minute.
2. Împărțiți între boluri și serviți rece.

Nutriție: Calorii 290, Lipide 13,4, Fibre 4, Carbohidrați 13,20, Proteine 6,7

Tocană de rubarbă

Timp de preparare: 10 minute.
Timp de preparare: 15 minute.
Porții: 4

Ingrediente:
- 2 căni de rubarbă, tocată
- 3 linguri zahar din floare de cocos
- 1 lingurita extract de migdale
- 2 căni de apă

Adrese:
1. Într-o cratiță, combinați rubarba cu celelalte ingrediente, amestecați, puneți la foc mediu, gătiți timp de 15 minute, împărțiți în boluri și serviți rece.

Nutriție: Calorii 142, Lipide 4,1, Fibre 4,2, Carbohidrați 7, Proteine 4

Cremă de rubarbă

Timp de preparare: 1 ora.
Timp de preparare: 10 minute.
Porții: 4

Ingrediente:
- 2 cesti crema de cocos
- 1 cană rubarbă tocată
- 3 oua batute
- 3 linguri zahar din floare de cocos
- 1 lingura suc de lamaie

Adrese:
1. Într-o cratiță mică, combinați smântâna cu rubarba și ingredientele rămase, amestecați bine, fierbeți la foc mediu timp de 10 minute, faceți piure cu un blender de mână, împărțiți-le în boluri și puneți la frigider timp de 1 oră înainte de servire.

Nutriție: Calorii 230, Lipide 8,4, Fibre 2,4, Carbohidrați 7,8, Proteine 6

Salata de afine

Timp de preparare: 5 minute.
Timp de preparare: 0 minute.
Porții: 4

Ingrediente:
- 2 cani de afine
- 3 linguri menta tocata
- 1 pară, fără miez și tăiată cubulețe
- 1 măr, fără miez și tăiat cubulețe
- 1 lingura zahar din floare de cocos

Adrese:
1. Intr-un bol, combina afinele cu menta si celelalte ingrediente, amesteca si serveste rece.

Nutriție: Calorii 150, Grăsimi 2,4, Fibre 4, Carbohidrați 6,8, Proteine 6

Curmale si crema de banane

Timp de preparare: 5 minute.
Timp de preparare: 0 minute.
Porții: 4

Ingrediente:
- 1 cană lapte de migdale
- 1 banană, curățată și tăiată felii
- 1 lingurita extract de vanilie
- ½ cană cremă de cocos
- Curmale, mușcături

Adrese:
1. Se amestecă curmalele cu banana și alte ingrediente într-un blender, se pasează bine, se împart în pahare mici și se servesc rece.

Nutriție: Calorii 271, grăsimi 21,6, fibre 3,8, carbohidrați 21,2, proteine 2,7

Briose cu prune

Timp de preparare: 10 minute.
Timp de preparare: 25 minute.
Porții: 12

Ingrediente:
- 3 linguri ulei de cocos topit
- ½ cană lapte de migdale
- 4 oua batute
- 1 lingurita extract de vanilie
- 1 cană făină de migdale
- 2 lingurițe de scorțișoară pudră
- ½ linguriță de praf de copt
- 1 cană de prune fără sâmburi și mărunțite

Adrese:
1. Într-un bol, amestecați uleiul de cocos cu laptele de migdale și celelalte ingrediente și amestecați bine.
2. Se intinde intr-o tava de briose, se da in cuptorul preincalzit la 180°C si se coace 25 de minute.
3. Serviți brioșele reci.

Nutriție: Calorii 270, Lipide 3,4, Fibre 4,4, Carbohidrați 12, Proteine 5

Boluri cu prune uscate și stafide

Timp de preparare: 10 minute.
Timp de preparare: 20 minute.
Porții: 4

Ingrediente:
- ½ kilogram de prune, fără sâmburi și tăiate la jumătate
- 2 linguri zahar de cocos
- 4 linguri stafide
- 1 lingurita extract de vanilie
- 1 cana crema de cocos

Adrese:
1. Intr-o cratita amestecam prunele cu zaharul si celelalte ingrediente, aducem la fiert si fierbem la foc mediu 20 de minute.
2. Împărțiți între boluri și serviți.

Nutriție: Calorii 219, Grăsimi 14,4, Fibre 1,8, Carbohidrați 21,1, Proteine 2,2

Batoane cu semințe de floarea soarelui

Timp de preparare: 10 minute.
Timp de preparare: 20 minute.
Porții: 6

Ingrediente:
- 1 cană făină de cocos
- ½ linguriță de praf de copt
- 1 lingura de seminte de in
- 3 linguri lapte de migdale
- 1 cană semințe de floarea soarelui
- 2 linguri ulei de cocos topit
- 1 lingurita extract de vanilie

Adrese:
1. Intr-un bol amestecam faina cu praful de copt si ingredientele ramase, amestecam foarte bine, intindem pe o tava de copt, presam bine, coacem la cuptor la 180°C pentru 20 de minute, lasam sa se raceasca pe o parte, taiem batoanele. si serveste.

Nutriție: Calorii 189, grăsimi 12,6, fibre 9,2, carbohidrați 15,7, proteine 4,7

Coji de afine caju

Timp de preparare: 10 minute.
Timp de preparare: 0 minute.
Porții: 4
Ingrediente:

- 1 cană caju
- 2 căni de mure
- ¾ cană cremă de cocos
- 1 lingurita extract de vanilie
- 1 lingura zahar din floare de cocos

Adrese:

1. Într-un castron, combinați caju cu fructele și ingredientele rămase, amestecați, împărțiți în boluri mici și serviți.

Nutriție: Calorii 230, Lipide 4, Fibre 3,4, Carbohidrați 12,3, Proteine 8

Boluri cu portocale și mandarine

Timp de preparare: 4 minute.
Timp de preparare: 8 minute.
Porții: 4

Ingrediente:
- 4 portocale, curatate de coaja si taiate bucatele
- 2 mandarine, decojite și tăiate bucăți
- 1 suc de lamaie
- 2 linguri zahar de cocos
- 1 cană de apă

Adrese:
1. Intr-o tigaie se amesteca portocalele cu mandarinele si celelalte ingrediente, se aduce la fierbere si se fierbe la foc mediu timp de 8 minute.
2. Împărțiți între boluri și serviți rece.

Nutriție: Calorii 170, Grăsimi 2,3, Fibre 2,3, Carbohidrați 11, Proteine 3,4

Crema de dovleac

Timp de preparare: 2 ore.
Timp de preparare: 0 minute.
Porții: 4

Ingrediente:
- 2 cesti crema de cocos
- 1 cană piure de dovleac
- 14 uncii cremă de nucă de cocos
- 3 linguri zahar din floare de cocos

Adrese:
1. Într-un bol, amestecați smântâna cu piureul de dovleac și ingredientele rămase, amestecați bine, împărțiți în boluri mici și păstrați la frigider timp de 2 ore înainte de servire.

Nutriție: Calorii 350, Grăsimi 12,3, Fibre 3, Carbohidrați 11,7, Proteine 6

Amestecul de smochine și rubarbă

Timp de preparare: 6 minute.
Timp de preparare: 14 minute.
Porții: 4

Ingrediente:
- 2 linguri ulei de cocos topit
- 1 cană rubarbă, tocată
- Înjumătățiți 12 smochine
- ¼ cană zahăr de cocos
- 1 cană de apă

Adrese:
1. Se incinge o tigaie cu ulei la foc mediu, se adauga smochinele si ingredientele ramase, se amesteca, se fierbe 14 minute, se imparte in cani mici si se servesc rece.

Nutriție: Calorii 213, Grăsimi 7,4, Fibre 6,1, Carbohidrați 39, Proteine 2,2

banane condimentate

Timp de preparare: 4 minute.
Timp de preparare: 15 minute.
Porții: 4

Ingrediente:
- 4 banane, decojite și tăiate la jumătate
- 1 lingurita nucsoara macinata
- 1 lingurita de scortisoara pudra
- 1 suc de lamaie
- 4 linguri de zahăr din flori de cocos

Adrese:
1. Așezați bananele pe o foaie de copt, adăugați nucșoară și alte ingrediente și coaceți la 350 de grade F timp de 15 minute.
2. Împărțiți bananele prăjite în farfurii și serviți.

Nutriție: Calorii 206, Grăsimi 0,6, Fibre 3,2, Carbohidrați 47,1, Proteine 2,4

Smoothie de cacao

Timp de preparare: 5 minute.
Timp de preparare: 0 minute.
Porții: 2

Ingrediente:

- 2 lingurite pudra de cacao
- 1 avocado, fără sâmburi, curățat de coajă și piure
- 1 cană lapte de migdale
- 1 cana crema de cocos

Adrese:

1. Amestecați laptele de migdale cu smântâna și celelalte ingrediente într-un blender, faceți piure bine, turnați în căni și serviți rece.

Nutriție: Calorii 155, Grăsimi 12,3, Fibre 4, Carbohidrați 8,6, Proteine 5

Batoane cu banane

Timp de preparare: 30 minute.
Timp de preparare: 0 minute.
Porții: 4
Ingrediente:

- 1 cană ulei de cocos topit
- 2 banane, curatate si tocate
- 1 avocado, decojit, fără sâmburi și făcut piure
- ½ cană zahăr de cocos
- ¼ cană suc de lămâie
- 1 lingurita coaja de lamaie
- Spray de gatit

Adrese:

1. În robotul de bucătărie, combinați bananele cu uleiul și toate celelalte ingrediente, cu excepția spray-ului de gătit și toacă bine.
2. Ungeți o tigaie cu ulei spray, turnați amestecul de banane și întindeți, întindeți, dați la frigider pentru 30 de minute, tăiați în batoane și serviți.

Nutriție: Calorii 639, grăsimi 64,6, fibre 4,9, carbohidrați 20,5, proteine 1,7

Batoane cu curmale și ceai verde

Timp de preparare: 10 minute.
Timp de preparare: 30 minute.
Porții: 8

Ingrediente:
- 2 lingurite praf de ceai verde
- 2 căni de lapte de cocos încălzit
- ½ cană ulei de cocos topit
- 2 căni de zahăr de cocos
- 4 oua batute
- 2 lingurite extract de vanilie
- 3 cani de faina de migdale
- 1 lingurita bicarbonat de sodiu
- 2 lingurite praf de copt

Adrese:
1. Într-un bol, amestecați laptele de cocos cu praful de ceai verde și ingredientele rămase, amestecați bine, turnați într-un pătrat, întindeți, dați la cuptor, coaceți 30 de minute la 180 ° C, lăsați să se răcească, tăiați felii. Baruri și servire.

Nutriție: Calorii 560, grăsimi 22,3, fibre 4, carbohidrați 12,8, proteine 22,1

Crema de nuca

Timp de preparare: 2 ore.
Timp de preparare: 0 minute.
Porții: 4

Ingrediente:
- 2 cani de lapte de migdale
- ½ cană cremă de cocos
- ½ ceasca de nuci tocate
- 3 linguri zahar din floare de cocos
- 1 lingurita extract de vanilie

Adrese:
1. Într-un castron, combinați laptele de migdale cu smântâna și ingredientele rămase, amestecați bine, împărțiți în căni și lăsați la frigider timp de 2 ore înainte de servire.

Nutriție: Calorii 170, Grăsimi 12,4, Fibre 3, Carbohidrați 12,8, Proteine 4

tort cu lamaie

Timp de preparare: 10 minute.
Timp de gătire: 35 minute.
Porții: 6

Ingrediente:
- 2 cani de faina integrala
- 1 lingurita praf de drojdie
- 2 linguri ulei de cocos topit
- 1 ou bătut
- 3 linguri zahar din floare de cocos
- 1 cană lapte de migdale
- Coaja rasă a 1 lămâie
- 1 suc de lamaie

Adrese:
1. Intr-un bol amestecam faina cu uleiul si alte ingrediente, amestecam bine, asezam pe o tava de copt si coacem la 180°C timp de 35 de minute.
2. Se taie felii si se serveste rece.

Nutriție: Calorii 222, grăsimi 12,5, fibre 6,2, carbohidrați 7, proteine 17,4

Batoane cu stafide

Timp de preparare: 10 minute.
Timp de preparare: 25 minute.
Porții: 6

Ingrediente:
- 1 lingurita de scortisoara pudra
- 2 cani de faina de migdale
- 1 lingurita praf de drojdie
- ½ lingurita de nucsoara macinata
- 1 cană ulei de cocos topit
- 1 cană zahăr de cocos
- 1 ou bătut
- 1 cană stafide

Adrese:
1. Intr-un bol amestecam faina cu scortisoara si ingredientele ramase, amestecam bine, intindem pe o tava tapetata cu hartie de copt, dam la cuptor, dam la cuptor 25 de minute la 180°C, taiem batoane si servim rece.

Nutriție: Calorii 274, Grăsimi 12, Fibre 5,2, Carbohidrați 14,5, Proteine 7

Pătrate de nectarine

Timp de preparare: 10 minute.
Timp de preparare: 20 minute.
Porții: 4

Ingrediente:
- 3 nectarine, însămânțate și tocate
- 1 lingura zahar din floare de cocos
- ½ linguriță de praf de copt
- 1 cană făină de migdale
- 4 linguri ulei de cocos topit
- 2 linguri pudra de cacao

Adrese:
1. Intr-un blender se amesteca nectarinele cu zaharul si ingredientele ramase, se paseaza bine, se toarna intr-o forma patrata tapetata cu hartie de copt, se intinde, se coace la 180°C timp de 20 de minute si se lasa amestecul sa se raceasca. , Tăiați în pătrate și serviți.

Nutriție: Calorii 342, grăsimi 14,4, fibre 7,6, carbohidrați 12, proteine 7,7

Tocană de struguri

Timp de preparare: 10 minute.
Timp de preparare: 20 minute.
Porții: 4

Ingrediente:
- 1 cană de struguri verzi
- Suc de o jumătate de lămâie
- 2 linguri zahar de cocos
- 1,5 căni de apă
- 2 lingurite pudra de cardamom

Adrese:
1. Se încălzește o oală cu apă la foc mediu, se adaugă strugurii și ingredientele rămase, se aduce la fierbere, se fierbe timp de 20 de minute, se împarte în boluri și se servesc.

Nutriție: Calorii 384, grăsimi 12,5, fibre 6,3, carbohidrați 13,8, proteine 5,6

Cremă de mandarine și prune

Timp de preparare: 10 minute.
Timp de preparare: 20 minute.
Porții: 4

Ingrediente:
- 1 mandarina, curatata si tocata
- ½ kg de prune fără sâmburi și mărunțite
- 1 cana crema de cocos
- Suc din 2 mandarine
- 2 linguri zahar de cocos

Adrese:
1. Într-un blender, combinați mandarinele cu prune uscate și alte ingrediente, faceți piure bine, împărțiți în forme mici, puneți la cuptor, coaceți la 350 de grade F timp de 20 de minute și serviți rece.

Nutriție: Calorii 402, Grăsimi 18,2, Fibre 2, Carbohidrați 22,2, Proteine 4,5

Crema de cirese si capsuni

Timp de preparare: 10 minute.
Timp de preparare: 0 minute.
Porții: 6

Ingrediente:
- 1 kg cireșe, fără sâmburi
- 1 cana capsuni tocate
- ¼ cană zahăr de cocos
- 2 cesti crema de cocos

Adrese:
1. Amestecați cireșele cu celelalte ingrediente într-un blender, faceți piure bine, împărțiți în boluri și serviți rece.

Nutriție: Calorii 342, Lipide 22,1, Fibre 5,6, Carbohidrați 8,4, Proteine 6,5

Nuci de cardamom și budincă de orez

Timp de preparare: 5 minute.
Timp de preparare: 40 minute.
Porții: 4

Ingrediente:
- 1 cană de orez basmati
- 3 cani de lapte de migdale
- 3 linguri zahar din floare de cocos
- ½ linguriță pudră de cardamom
- ¼ cana nuci tocate

Adrese:
1. Într-o tigaie, combinați orezul cu laptele și celelalte ingrediente, amestecați, fierbeți la foc mediu timp de 40 de minute, împărțiți în boluri și serviți rece.

Nutriție: Calorii 703, Grăsimi 47,9, Fibre 5,2, Carbohidrați 62,1, Proteine 10,1

Pâine cu pere

Timp de preparare: 10 minute.
Timp de preparare: 30 minute.
Porții: 4

Ingrediente:
- 2 căni de pere, fără miez și tăiate cubulețe
- 1 cană zahăr de cocos
- 2 oua batute
- 2 cani de faina de migdale
- 1 lingura praf de copt
- 1 lingura ulei de cocos topit

Adrese:
1. Se amestecă perele cu zahărul și celelalte ingrediente într-un bol, se toarnă într-o tavă, se dă la cuptor și se coace la 180 °C timp de 30 de minute.
2. Se taie felii si se serveste rece.

Nutriție: Calorii 380, Lipide 16,7, Fibre 5, Carbohidrați 17,5, Proteine 5,6

Budincă de orez şi cireşe

Timp de preparare: 10 minute.
Timp de preparare: 25 minute.
Porţii: 4

Ingrediente:
- 1 lingura ulei de cocos topit
- 1 cană de orez alb
- 3 cani de lapte de migdale
- ½ cană de cireşe fără sâmburi şi tăiate la jumătate
- 3 linguri zahar din floare de cocos
- 1 lingurita de scortisoara pudra
- 1 lingurita extract de vanilie

Adrese:
1. Într-o tigaie se combină uleiul cu orezul şi celelalte ingrediente, se amestecă, se aduce la fierbere, se fierbe la foc mediu 25 de minute, se împarte în boluri şi se serveşte rece.

Nutriţie: Calorii 292, Grăsimi 12,4, Fibre 5,6, Carbohidraţi 8, Proteine 7

Tocană de pepene verde

Timp de preparare: 5 minute.
Timp de preparare: 8 minute.
Porții: 4

Ingrediente:
- 1 suc de lamaie
- 1 lingurita coaja de lamaie
- 1,5 căni de zahăr de cocos
- 4 căni de pepene verde, decojit și tăiat în bucăți mari
- 1,5 căni de apă

Adrese:
1. Într-o tigaie amestecăm pepenele cu coaja de lămâie și celelalte ingrediente, se încălzește la foc mediu, se fierbe timp de 8 minute, se împarte în boluri și se servește rece.

Nutriție:: Calorii 233, Lipide 0,2, Fibre 0,7, Carbohidrați 61,5, Proteine 0,9

Budincă de ghimbir

Timp de preparare: 1 ora.
Timp de preparare: 0 minute.
Porții: 4

Ingrediente:
- 2 cani de lapte de migdale
- ½ cană cremă de cocos
- 2 linguri zahar de cocos
- 1 lingura de ghimbir ras
- ¼ cană semințe de chia

Adrese:
1. Intr-un bol amestecam laptele cu smantana si ingredientele ramase, amestecam bine, turnam in pahare mici si tinem la frigider 1 ora inainte de servire.

Nutriție: Calorii 345, grăsimi 17, fibre 4,7, carbohidrați 11,5, proteine 6,9

Crema de caju

Timp de preparare: 2 ore.
Timp de preparare: 0 minute.
Porții: 4

Ingrediente:
- 1 cană caju tocate
- 2 linguri ulei de cocos topit
- 2 linguri ulei de cocos topit
- 1 cana crema de cocos
- lingura de suc de lamaie
- 1 lingura zahar din floare de cocos

Adrese:
1. Într-un blender, combinați caju cu uleiul de cocos și ingredientele rămase, faceți piure bine, împărțiți-le în căni mici și dați la frigider timp de 2 ore înainte de servire.

Nutriție: Calorii 480, grăsimi 43,9, fibre 2,4, carbohidrați 19,7, proteine 7

Tort de cânepă

Timp de preparare: 30 minute.
Timp de preparare: 0 minute.
Porții: 6

Ingrediente:
- 1 cană migdale, înmuiate peste noapte și scurse
- 2 linguri pudra de cacao
- 1 lingura zahar din floare de cocos
- ½ cană semințe de cânepă
- ¼ cană nucă de cocos mărunțită
- ½ cană apă

Adrese:
1. In robotul tau de bucatarie amesteca migdalele cu pudra de cacao si ingredientele ramase, toaca bine, presam pe o tava tapetata cu hartie de copt, dam la frigider 30 de minute, taiem felii si servim.

Nutriție: Calorii 270, Lipide 12,6, Fibre 3, Carbohidrați 7,7, Proteine 7

Coji de rodie si migdale

Timp de preparare: 2 ore.
Timp de preparare: 0 minute.
Porții: 4

Ingrediente:
- ½ cană cremă de cocos
- 1 lingurita extract de vanilie
- 1 cana migdale tocate
- 1 cană de semințe de rodie
- 1 lingura zahar din floare de cocos

Adrese:
1. Într-un bol, amestecați migdalele cu smântâna și celelalte ingrediente, amestecați, împărțiți în boluri mici și serviți.

Nutriție: Calorii 258, Grăsimi 19, Fibre 3,9, Carbohidrați 17,6, Proteine 6,2

Broccoli de curcan și chimen

Timp de preparare: 10 minute.
Timp de preparare: 30 minute.
Porții: 4

Ingrediente:
- 1 ceapa rosie tocata
- 1 kg piept de curcan, fara piele, dezosat si taiat cubulete
- 2 cesti buchetele de broccoli
- 1 lingurita de chimion, macinat
- 3 catei de usturoi tocati
- 2 linguri ulei de masline
- 14 uncii lapte de cocos
- Un praf de piper negru
- ¼ cană coriandru tocat

Adrese:
1. Se incinge o tigaie cu ulei de masline la foc mediu, se adauga ceapa si usturoiul, se amesteca si se calesc 5 minute.
2. Se adauga curcanul, se amesteca si se caleste 5 minute.
3. Adăugați broccoli și ingredientele rămase, încălziți la foc mediu și gătiți timp de 20 de minute.
4. Împărțiți amestecul în farfurii și serviți.

Nutriție: Calorii 438, grăsimi 32,9, fibre 4,7, carbohidrați 16,8, proteine 23,5

Cuişoare de pui

Timp de preparare: 10 minute.
Timp de preparare: 30 minute.
Porţii: 4

Ingrediente:
- 1 kg piept de pui, fara piele, dezosat si taiat cubulete
- 1 cană bulion de pui cu conţinut scăzut de sodiu
- 1 lingura ulei de avocado
- 2 linguriţe cuişoare măcinate
- 1 ceapa galbena tocata
- 2 lingurite boia dulce
- 3 roşii, tăiate cubuleţe
- Un praf de sare si piper negru.
- ½ cana patrunjel tocat

Adrese:
1. Se incinge o tigaie cu ulei de masline la foc mediu, se adauga ceapa si se caleste 5 minute.
2. Se adauga puiul si se mai caleste inca 5 minute.
3. Adăugaţi bulionul şi alte ingrediente, aduceţi la fiert şi fierbeţi la foc mediu încă 20 de minute.
4. Împărţiţi amestecul în farfurii şi serviţi.

Nutriţie: Calorii 324, Grăsimi 12,3, Fibre 5, Carbohidraţi 33,10, Proteine 22,4

Pui cu anghinare

Timp de preparare: 10 minute.
Timp de preparare: 30 minute.
Porții: 4

Ingrediente:
- 2 piepti de pui, fara piele, dezosati si taiati la jumatate
- 1 lingura de ghimbir ras
- 1 cana rosii conservate nesarate, tocate
- 10 uncii de anghinare conservate, nesărate, scurse de apă și tăiate în sferturi
- 2 linguri suc de lamaie
- 2 linguri ulei de masline
- Un praf de piper negru

Adrese:
1. Se incinge o tigaie cu ulei de masline la foc mediu, se adauga ghimbirul si anghinarea, se amesteca si se fierbe 5 minute.
2. Adăugați puiul și gătiți încă 5 minute.
3. Adăugați celelalte ingrediente, aduceți la fiert și gătiți încă 20 de minute.
4. Împărțiți totul în farfurii și serviți.

Nutriție: Calorii 300, grăsimi 14,5, fibre 5,3, carbohidrați 16,4, proteine 15,1

Amestecul de ardei de curcan

Timp de preparare: 10 minute.
Timp de preparare: 30 minute.
Porții: 4

Ingrediente:
- ½ lingurita piper negru
- 1 lingura ulei de masline
- 1 kg piept de curcan, fara piele, dezosat si taiat cubulete
- 1 cană bulion de pui cu conținut scăzut de sodiu
- 3 catei de usturoi tocati
- 2 roșii, tăiate cubulețe
- Un praf de piper negru
- 2 linguri de arpagic tocat

Adrese:
1. *Se incinge o tigaie cu ulei de masline la foc mediu, se adauga usturoiul si curcanul si se calesc 5 minute.*
2. *Adăugați boabele de piper și ingredientele rămase, aduceți la fiert și fierbeți la foc mediu timp de 25 de minute.*
3. *Împărțiți amestecul în farfurii și serviți.*

Nutriție: Calorii 313, Lipide 13,3, Fibre 7, Carbohidrați 23,4, Proteine 16

Pulpe de pui si legume cu rozmarin

Timp de preparare: 10 minute.
Timp de preparare: 40 minute.
Porții: 4

Ingrediente:
- 2 kg piept de pui dezosat, fara piele, taiat cubulete
- 1 morcov taiat cubulete
- 1 tulpină de țelină tocată
- 1 roșie tăiată cubulețe
- 2 cepe roșii mici, tăiate felii
- 1 dovlecel tăiat cubulețe
- 2 catei de usturoi tocati
- 1 lingura rozmarin tocat
- 2 linguri ulei de masline
- piper negru după gust
- ½ cană bulion de legume cu conținut scăzut de sodiu

Adrese:
1. Se incinge o tigaie cu ulei de masline la foc mediu, se adauga ceapa si usturoiul, se amesteca si se calesc 5 minute.
2. Se adauga puiul, se amesteca si se caleste inca 5 minute.
3. Adăugați morcovul și alte ingrediente, amestecați, aduceți la fierbere și fierbeți la foc mediu timp de 30 de minute.
4. Împărțiți amestecul în farfurii și serviți.

Nutriție: Calorii 325, grăsimi 22,5, fibre 6,1, carbohidrați 15,5, proteine 33,2

Pui cu morcovi și varză

Timp de preparare: 10 minute.
Timp de preparare: 25 minute.
Porții: 4

Ingrediente:
- 1 kg piept de pui, fara piele, dezosat si taiat cubulete
- 2 linguri ulei de masline
- 2 morcovi, curatati si rasi
- 1 lingurita boia dulce
- ½ cană bulion de legume cu conținut scăzut de sodiu
- 1 varză roșie, tocată
- 1 ceapa galbena tocata
- piper negru după gust

Adrese:
1. Se incinge o tigaie cu ulei la foc mediu, se adauga ceapa, se amesteca si se caleste 5 minute.
2. Adăugați carnea și prăjiți încă 5 minute.
3. Adăugați morcovi și alte ingrediente, amestecați, aduceți la fierbere și gătiți la foc mediu timp de 15 minute.
4. Împărțiți totul în farfurii și serviți.

Nutriție: Calorii 370, Lipide 22,2, Fibre 5,2, Carbohidrați 44,2, Proteine 24,2

Sandviș cu vinete și curcan

Timp de preparare: 10 minute.
Timp de preparare: 25 minute.
Porții: 4

Ingrediente:
- 1 piept de curcan, fara piele, dezosat si taiat in 4 bucati
- Tăiați 1 vinete în 4 felii
- piper negru după gust
- 1 lingura ulei de masline
- 1 lingura oregano tocat
- ½ cană sos de roșii cu conținut scăzut de sodiu
- ½ cană brânză cheddar cu conținut scăzut de grăsimi, rasă
- 4 felii de pâine integrală

Adrese:
1. Se incinge gratarul la foc mediu-mare, se adauga feliile de curcan, se stropesc cu jumatate din ulei de masline, se presara piper negru, se gatesc 8 minute pe fiecare parte si se transfera pe o farfurie.
2. Se aseaza feliile de vinete pe gratarul incins, se stropesc cu uleiul ramas, se condimenteaza cu piper negru, se prajesc 4 minute pe fiecare parte si se aseaza pe farfuria cu feliile de curcan etc.
3. Asezati 2 felii de paine pe o suprafata de lucru, intindeti branza deasupra, intindeti intre ele feliile de vinete si curcan, stropiti cu oregano, stropiti peste tot cu sosul si acoperiti cu celelalte 2 felii de paine.
4. Împărțiți sandvișurile între farfurii și serviți.

Nutriție: Calorii 280, Grăsimi 12,2, Fibre 6, Carbohidrați 14, Proteine 12

Tortile ușoare de dovlecel cu curcan

Timp de preparare: 10 minute.
Timp de preparare: 20 minute.
Porții: 4

Ingrediente:
- 4 tortilla din grau integral
- ½ cană iaurt cu conținut scăzut de grăsimi
- 1 kg piept de curcan, fără piele, dezosat și tăiat fâșii
- 1 lingura ulei de masline
- 1 ceapa rosie feliata
- 1 dovlecel tăiat cubulețe
- 2 roșii, tăiate cubulețe
- piper negru după gust

Adrese:
1. Se incinge o tigaie cu ulei la foc mediu, se adauga ceapa, se amesteca si se caleste 5 minute.
2. Adăugați dovlecelul și roșiile, amestecați și gătiți încă 2 minute.
3. Adăugați curcanul, amestecați și gătiți încă 13 minute.
4. Ungeți fiecare tortilla cu iaurt, adăugați amestecul de curcan și dovlecelul împărțit, rulați, împărțiți pe farfurii și serviți.

Nutriție: Calorii 290, grăsimi 13,4, fibre 3,42, carbohidrați 12,5, proteine 6,9

Tigaie cu vinete cu pui cu ardei

Timp de preparare: 10 minute.
Timp de preparare: 25 minute.
Porții: 4

Ingrediente:
- 2 piept de pui, fara piele, dezosat si taiat cubulete
- 1 ceapa rosie tocata
- 2 linguri ulei de masline
- 1 vinete taiate cubulete
- 1 ardei rosu, taiat cubulete
- 1 ardei galben, taiat cubulete
- piper negru după gust
- 2 cani de lapte de cocos

Adrese:
4. Se încălzește o tigaie cu ulei la foc mediu-mare, se adaugă ceapa, se amestecă și se fierbe timp de 3 minute.
5. Adăugați ardeii, amestecați și gătiți încă 2 minute.
6. Adăugați puiul și alte ingrediente, amestecați, aduceți la fierbere și fierbeți la foc mediu încă 20 de minute.
7. Împărțiți totul în farfurii și serviți.

Nutriție: Calorii 310, Grăsimi 14,7, Fibre 4, Carbohidrați 14,5, Proteine 12,6

Curcan prăjit cu balsamic

Timp de preparare: 10 minute.
Timp de preparare: 40 minute.
Porții: 4

Ingrediente:
- 1 piept mare de curcan, fara piele, dezosat si feliat
- 2 linguri de otet balsamic
- 1 lingura ulei de masline
- 2 catei de usturoi tocati
- 1 lingura condimente italiene
- piper negru după gust
- 1 lingura coriandru tocat

Adrese:
1. Într-un vas rezistent la cuptor, amestecați curcanul cu oțetul, uleiul și ingredientele rămase, amestecați, dați la cuptor la 200 ° C și coaceți timp de 40 de minute.
2. Împărțiți totul în farfurii și serviți cu o salată.

Nutriție: Calorii 280, Grăsimi 12,7, Fibre 3, Carbohidrați 22,1, Proteine 14

Amestecul de cheddar de curcan

Timp de preparare: 10 minute.
Timp de gătire: 1 oră.
Porții: 4

Ingrediente:
- 1 kg piept de curcan, fara piele, dezosat si feliat
- 2 linguri ulei de masline
- 1 cana rosii conservate nesarate, tocate
- piper negru după gust
- 1 cană brânză cheddar cu conținut scăzut de grăsimi, rasă
- 2 linguri patrunjel tocat

Adrese:
1. Se unge o tava de copt cu ulei de masline, se aseaza feliile de curcan pe tava, se presara rosiile deasupra, se condimenteaza cu piper negru, se presara branza si patrunjel, se da la cuptor la 200°C si se da la cuptor pentru 1 ora.
2. Împărțiți totul în farfurii și serviți.

Nutriție: Calorii 350, Lipide 13,1, Fibre 4, Carbohidrați 32,4, Proteine 14,65

Parmezan de curcan

Timp de preparare: 10 minute.
Timp de gătire: 23 minute.
Porții: 4

Ingrediente:
- 1 kg piept de curcan, fara piele, dezosat si taiat cubulete
- 1 lingura ulei de masline
- ½ cană parmezan ușor ras
- 2 salote tocate
- 1 cană lapte de cocos
- piper negru după gust

Adrese:
1. Se încălzește o tigaie cu ulei la foc mediu-mare, se adaugă șalota, se amestecă și se fierbe timp de 5 minute.
2. Adăugați carnea, laptele de cocos și piper negru, amestecați și gătiți la foc mediu încă 15 minute.
3. Adăugați parmezan, gătiți 2-3 minute, împărțiți în farfurii și serviți.

Nutriție: Calorii 320, Lipide 11,4, Fibre 3,5, Carbohidrați 14,3, Proteine 11,3

Mix cremos de pui și creveți

Timp de preparare: 10 minute.
Timp de preparare: 14 minute.
Porții: 4

Ingrediente:
- 1 lingura ulei de masline
- 1 kg piept de pui, fara piele, dezosat si taiat cubulete
- ¼ cană supă de pui cu conținut scăzut de sodiu
- 1 kilogram de creveți, curățați și devenați
- ½ cană cremă de cocos
- 1 lingura coriandru tocat

Adrese:
1. Se incinge o tigaie cu ulei la foc mediu, se adauga puiul, se amesteca si se fierbe 8 minute.
2. Adaugati crevetii si alte ingrediente, amestecati, gatiti inca 6 minute, impartiti in boluri si serviti.

Nutriție: Calorii 370, grăsimi 12,3, fibre 5,2, carbohidrați 12,6, proteine 8

Curcan se amestecă cu busuioc și sparanghel cald

Timp de preparare: 10 minute.
Timp de preparare: 40 minute.
Porții: 4

Ingrediente:
- 1 kg piept de curcan, fara piele si taiat fasii
- 1 cana crema de cocos
- 1 cană bulion de pui cu conținut scăzut de sodiu
- 2 linguri patrunjel tocat
- 1 buchet de sparanghel, curatat si taiat in jumatate
- 1 lingurita pudra de chili
- 2 linguri ulei de masline
- Un praf de sare de mare si piper negru.

Adrese:
1. Se încălzește o tigaie cu ulei de măsline la foc mediu-mare, se adaugă curcanul și niște piper negru, se amestecă și se fierbe timp de 5 minute.
2. Se adauga sparanghelul, pudra de chili si alte ingrediente, se amesteca, se aduce la fierbere si se fierbe la foc mediu inca 30 de minute.
3. Împărțiți totul în farfurii și serviți.

Nutriție: Calorii 290, grăsimi 12,10, fibre 4,6, carbohidrați 12,7, proteine 24

Mix de caju de curcan

Timp de preparare: 10 minute.
Timp de preparare: 40 minute.
Porții: 4

Ingrediente:
- 1 kg piept de curcan, fara piele, dezosat si taiat cubulete
- 1 cană caju tocate
- 1 ceapa galbena tocata
- ½ lingură ulei de măsline
- piper negru după gust
- ½ lingurita boia dulce
- 2 și ½ linguri de unt de caju
- ¼ cană supă de pui cu conținut scăzut de sodiu
- 1 lingura coriandru tocat

Adrese:
1. Se încălzește o tigaie cu ulei de măsline la foc mediu-mare, se adaugă ceapa, se amestecă și se prăjește timp de 5 minute.
2. Adăugați carnea și prăjiți încă 5 minute.
3. Adăugați ingredientele rămase, amestecați, aduceți la fiert și fierbeți la foc mediu timp de 30 de minute.
4. Împărțiți amestecul în farfurii și serviți.

Nutriție: Calorii 352, grăsimi 12,7, fibre 6,2, carbohidrați 33,2, proteine 13,5

Curcan și fructe de pădure

Timp de preparare: 10 minute.
Timp de gătire: 35 minute.
Porții: 4

Ingrediente:
- 2 kg piept de curcan, fara piele, dezosat si taiat cubulete
- 1 lingura ulei de masline
- 1 ceapa rosie tocata
- 1 cană afine
- 1 cană bulion de pui cu conținut scăzut de sodiu
- ¼ cană coriandru tocat
- piper negru după gust

Adrese:
1. Se incinge o tigaie cu ulei la foc mediu-mare, se adauga ceapa, se amesteca si se caleste 5 minute.
2. Adăugați carnea, fructele de pădure și alte ingrediente, aduceți la fiert și fierbeți la foc mediu încă 30 de minute.
3. Împărțiți amestecul în farfurii și serviți.

Nutriție: Calorii 293, grăsimi 7,3, fibre 2,8, carbohidrați 14,7, proteine 39,3

Piept de pui cu cinci condimente

Timp de preparare: 5 minute.
Timp de gătire: 35 minute.
Porții: 4

Ingrediente:
- 1 cană roșii zdrobite
- 1 lingurita cinci condimente
- 2 jumătăți de piept de pui fără piele, dezosate și tăiate la jumătate
- 1 lingura ulei de avocado
- 2 linguri de aminoacizi de cocos
- piper negru după gust
- 1 lingură de ienibahar
- 1 lingura coriandru tocat

Adrese:
1. Se incinge o tigaie cu ulei la foc mediu, se adauga carnea si se prajeste 2 minute pe fiecare parte.
2. Adăugați roșii, cinci condimente și alte ingrediente, aduceți la fiert și gătiți la foc mediu timp de 30 de minute.
3. Împărțiți amestecul în farfurii și serviți.

Nutriție: Calorii 244, Grăsimi 8,4, Fibre 1,1, Carbohidrați 4,5, Proteine 31

Curcan cu legume asezonate

Timp de preparare: 10 minute.
Timp de gătire: 17 minute.
Porții: 4

Ingrediente:
- 1 kg piept de curcan, dezosat, fara piele si taiat cubulete
- 1 cană frunze de muştar
- 1 lingurita nucsoara macinata
- 1 lingurita ienibahar, macinata
- 1 ceapa galbena tocata
- piper negru după gust
- 1 lingura ulei de masline

Adrese:
1. Se incinge o tigaie cu ulei la foc mediu-mare, se adauga ceapa si carnea si se calesc 5 minute.
2. Adăugați ingredientele rămase, amestecați, gătiți încă 12 minute la foc mediu, împărțiți în farfurii şi serviți.

Nutriție: Calorii 270, Lipide 8,4, Fibre 8,32, Carbohidrați 33,3, Proteine 9

Ciuperci cu pui și chile

Timp de preparare: 10 minute.
Timp de preparare: 20 minute.
Porții: 4

Ingrediente:
- 2 piepti de pui, fara piele, dezosati si taiati la jumatate
- ½ kg ciuperci albe, tăiate la jumătate
- 1 lingura ulei de masline
- 1 cana rosii conservate nesarate, tocate
- 2 linguri migdale tocate
- 2 linguri ulei de masline
- ½ linguriță fulgi de piper
- piper negru după gust

Adrese:
1. Se incinge o tigaie cu ulei de masline la foc mediu-mare, se adauga ciupercile, se amesteca si se prajesc 5 minute.
2. Adăugați carnea, amestecați și gătiți încă 5 minute.
3. Adăugați roșiile și alte ingrediente, aduceți la fiert și fierbeți la foc mediu timp de 10 minute.
4. Împărțiți amestecul în farfurii și serviți.

Nutriție: Calorii 320, Grăsimi 12,2, Fibre 5,3, Carbohidrați 33,3, Proteine 15

Chili Chicken Anghinare

Timp de preparare: 10 minute.
Timp de preparare: 20 minute.
Porții: 4

Ingrediente:
- 2 ardei rosii tocati
- 1 lingura ulei de masline
- 1 ceapa galbena tocata
- 1 kilogram piept de pui dezosat, fără piele, tăiat cubulețe
- 1 cană roșii zdrobite
- 10 uncii inimioare de anghinare conservate, scurse și tăiate în sferturi
- piper negru după gust
- ½ cană supă de pui cu conținut scăzut de sodiu
- 2 linguri suc de lamaie

Adrese:
1. Se incinge o tigaie cu ulei la foc mediu, se adauga ceapa si ardeiul, se amesteca si se calesc 5 minute.
2. Adăugați carnea, amestecați și prăjiți încă 5 minute.
3. Adăugați celelalte ingrediente, aduceți la foc mediu și gătiți timp de 10 minute.
4. Împărțiți amestecul în farfurii și serviți.

Nutriție: Calorii 280, Lipide 11,3, Fibre 5, Carbohidrați 14,5, Proteine 13,5

Amestecul de pui și sfeclă

Timp de preparare: 10 minute.
Timp de preparare: 0 minute.
Porții: 4

Ingrediente:
- 1 morcov ras
- 2 sfecle, curatate si ras
- ½ cană maioneză cu avocado
- 1 cană de piept de pui afumat, gătit și mărunțit fără piele și dezosat
- 1 lingurita arpagic tocat

Adrese:
1. Într-un castron, combinați puiul cu sfecla roșie și celelalte ingrediente, amestecați și serviți imediat.

Nutriție: Calorii 288, Grăsimi 24,6, Fibre 1,4, Carbohidrați 6,5, Proteine 14

Curcan cu salata de telina

Timp de preparare: 4 minute.
Timp de preparare: 0 minute.
Porții: 4

Ingrediente:
- 2 căni de piept de curcan fără piele, dezosat, fiert și mărunțit
- 1 cana batoane de telina tocate
- 2 arpagic tocat
- 1 cană măsline negre fără sâmburi și tăiate la jumătate
- 1 lingura ulei de masline
- 1 lingurita suc de lamaie
- 1 cană iaurt cu conținut scăzut de grăsimi

Adrese:
1. Într-un castron, combinați curcanul cu țelina și celelalte ingrediente, amestecați și serviți rece.

Nutriție: Calorii 157, Grăsimi 8, Fibre 2, Carbohidrați 10,8, Proteine 11,5

Amestecul de pulpe de pui și struguri

Timp de preparare: 10 minute.
Timp de preparare: 40 minute.
Porții: 4

Ingrediente:
- 1 morcov taiat cubulete
- 1 ceapă galbenă, feliată
- 1 lingura ulei de masline
- 1 cană roșii tăiate cubulețe
- ¼ cană supă de pui cu conținut scăzut de sodiu
- 2 catei de usturoi tocati
- 1 kilogram de pulpe de pui dezosate și fără piele
- 1 cană de struguri verzi
- piper negru după gust

Adrese:
1. Amestecați o friptură cu uleiul, puneți deasupra pulpele de pui și adăugați celelalte ingrediente deasupra.
2. Se coace la 200°C timp de 40 de minute, se distribuie pe farfurii si se serveste.

Nutriție: Calorii 289, Lipide 12,1, Fibre 1,7, Carbohidrați 10,3, Proteine 33,9

Curcan si orz cu lamaie

Timp de preparare: 5 minute.
Timp de preparare: 55 minute.
Porții: 4

Ingrediente:
- 1 lingura ulei de masline
- 1 piept de curcan, fara piele, dezosat si feliat
- piper negru după gust
- 2 tulpini de telina, tocate
- 1 ceapa rosie tocata
- 2 căni de supă de pui cu conținut scăzut de sodiu
- ½ cană de orz
- 1 lingurita coaja de lamaie
- 1 lingura suc de lamaie
- 1 lingura arpagic tocat

Adrese:
1. Se incinge o tigaie cu ulei la foc mediu-mare, se adauga carnea si ceapa, se amesteca si se calesc 5 minute.
2. Adăugați țelina și ingredientele rămase, amestecați, aduceți la fierbere, reduceți focul la mediu, gătiți timp de 50 de minute, împărțiți în boluri și serviți.

Nutriție: Calorii 150, Lipide 4,5, Fibre 4,9, Carbohidrați 20,8, Proteine 7,5

Curcan cu un amestec de sfeclă și ridichi

Timp de preparare: 10 minute.
Timp de gătire: 35 minute.
Porții: 4

Ingrediente:
- 1 piept de curcan, fara piele, dezosat si taiat cubulete
- 2 sfecle, curatate si taiate cubulete
- 1 cană ridichi, tăiate cubulețe
- 1 ceapa rosie tocata
- ¼ cană supă de pui cu conținut scăzut de sodiu
- piper negru după gust
- 1 lingura ulei de masline
- 2 linguri de arpagic tocat

Adrese:
1. Se încălzește o tigaie cu ulei la foc mediu-mare, se adaugă carnea și ceapa, se amestecă și se călesc timp de 5 minute.
2. Se adauga sfecla rosie, ridichile si alte ingrediente, se aduce la fierbere si se fierbe la foc mediu inca 30 de minute.
3. Împărțiți amestecul în farfurii și serviți.

Nutriție: Calorii 113, Grăsimi 4,4, Fibre 2,3, Carbohidrați 10,4, Proteine 8,8

Amestecul de carne de porc cu usturoi

Timp de preparare: 10 minute.
Timp de preparare: 45 minute.
Porții: 8

Ingrediente:
- 2 kg carne de porc, dezosata si taiata cubulete
- 1 ceapa rosie tocata
- 1 lingura ulei de masline
- 3 catei de usturoi tocati
- 1 cană bulion de vită cu conținut scăzut de sodiu
- 2 linguri boia dulce
- piper negru după gust
- 1 lingura arpagic tocat

Adrese:
1. Se incinge o tigaie cu ulei de masline la foc mediu, se adauga ceapa si carnea, se amesteca si se calesc 5 minute.
2. Adăugați ingredientele rămase, amestecați, reduceți focul la mediu, acoperiți și gătiți timp de 40 de minute.
3. Împărțiți amestecul în farfurii și serviți.

Nutriție: Calorii 407, grăsimi 35,4, fibre 1, carbohidrați 5, proteine 14,9

Burta de porc cu morcovi

Timp de preparare: 10 minute.
Timp de preparare: 30 minute.
Porții: 4

Ingrediente:
- 1 kg carne de porc fiartă, tăiată cubulețe
- ¼ cană bulion de legume cu conținut scăzut de sodiu
- 2 morcovi, decojiti si feliati
- 2 linguri ulei de masline
- 1 ceapa rosie feliata
- 2 lingurite boia dulce
- piper negru după gust

Adrese:
1. Se incinge o tigaie cu ulei la foc mediu, se adauga ceapa, se amesteca si se caleste 5 minute.
2. Adăugați carnea, amestecați și prăjiți încă 5 minute.
3. Adăugați celelalte ingrediente, aduceți la fiert și fierbeți la foc mediu timp de 20 de minute.
4. Împărțiți amestecul în farfurii și serviți.

Nutriție: Calorii 328, Lipide 18,1, Fibre 1,8, Carbohidrați 6,4, Proteine 34

Carne de porc cu ghimbir si ceapa

Timp de preparare: 10 minute.
Timp de gătire: 35 minute.
Porții: 4

Ingrediente:
- 2 cepe roșii, tăiate felii
- 2 cepe primavara tocate
- 1 lingura ulei de masline
- 2 lingurite de ghimbir ras
- 4 cotlete de porc
- 3 catei de usturoi tocati
- piper negru după gust
- 1 morcov tocat
- 1 cană bulion de vită cu conținut scăzut de sodiu
- 2 linguri pasta de rosii
- 1 lingura coriandru tocat

Adrese:
1. Se incinge o tigaie cu ulei de masline la foc mediu, se adauga ceapa verde si cea rosie, se amesteca si se caleste 3 minute.
2. Adăugați usturoiul și ghimbirul, amestecați și gătiți încă 2 minute.
3. Adăugați cotletele de porc și rumeniți timp de 2 minute pe fiecare parte.
4. Adăugați ingredientele rămase, aduceți la fierbere și fierbeți la foc mediu încă 25 de minute.
5. Împărțiți amestecul în farfurii și serviți.

Nutriție: Calorii 332, grăsimi 23,6, fibre 2,3, carbohidrați 10,1, proteine 19,9

Carne de porc cu chimen

Timp de preparare: 10 minute.
Timp de preparare: 45 minute.
Porții: 4

Ingrediente:
- ½ cană bulion de vită cu conținut scăzut de sodiu
- 2 linguri ulei de masline
- 2 kg friptură de porc, tăiată cubulețe
- 1 lingurita coriandru macinat
- 2 lingurite chimen macinat
- piper negru după gust
- 1 cană de roșii cherry, tăiate la jumătate
- 4 catei de usturoi, tocati
- 1 lingura coriandru tocat

Adrese:
1. Se incinge o tigaie cu ulei la foc mediu, se adauga usturoiul si carnea, se amesteca si se prajesc 5 minute.
2. Adăugați bulion și alte ingrediente, aduceți la fiert și fierbeți la foc mediu timp de 40 de minute.
3. Împărțiți totul în farfurii și serviți.

Nutriție: Calorii 559, grăsimi 29,3, fibre 0,7, carbohidrați 3,2, proteine 67,4

Amestecul de porc și legume

Timp de preparare: 10 minute.
Timp de preparare: 20 minute.
Porții: 4

Ingrediente:
- 2 linguri de otet balsamic
- 1/3 cană aminoacizi de nucă de cocos
- 1 lingura ulei de masline
- 4 uncii de salată mixtă
- 1 cană de roșii cherry, tăiate la jumătate
- 4 uncii friptură de porc, tăiată în fâșii
- 1 lingura arpagic tocat

Adrese:
1. Se incinge o tigaie cu ulei la foc mediu, se adauga carnea de porc, aminoacizii si otetul, se amesteca si se fierbe 15 minute.
2. Adăugați frunze de salată verde și alte ingrediente, amestecați, fierbeți încă 5 minute, distribuiți pe farfurii și serviți.

Nutriție: Calorii 125, grăsimi 6,4, fibre 0,6, carbohidrați 6,8, proteine 9,1

Se prajeste carne de porc cu cimbru

Timp de preparare: 10 minute.
Timp de preparare: 25 minute.
Porții: 4

Ingrediente:
- 1 kg file de porc, curatat si taiat cubulete
- 1 lingura ulei de masline
- 1 ceapa galbena tocata
- 3 catei de usturoi tocati
- 1 lingura de cimbru uscat
- 1 cană bulion de pui cu conținut scăzut de sodiu
- 2 linguri pastă de tomate cu conținut scăzut de sodiu
- 1 lingura coriandru tocat

Adrese:
1. Se încălzeşte o tigaie cu ulei la foc mediu-mare, se adaugă ceapa şi usturoiul, se amestecă şi se fierbe timp de 5 minute.
2. Adăugați carnea, amestecați şi gătiți încă 5 minute.
3. Adăugați ingredientele rămase, amestecați, aduceți la fiert, reduceți focul la mediu şi lăsați amestecul să fiarbă încă 15 minute.
4. Împărțiți amestecul în farfurii şi serviți imediat.

Nutriție: Calorii 281, grăsimi 11,2, fibre 1,4, carbohidrați 6,8, proteine 37,1

Maghiran de porc si dovlecel

Timp de preparare: 10 minute.
Timp de preparare: 30 minute.
Porții: 4

Ingrediente:
- 2 kilograme de file de porc dezosat, curățat și tăiat cubulețe
- 2 linguri ulei de avocado
- ¾ cană bulion de legume cu conținut scăzut de sodiu
- ½ lingură pudră de usturoi
- 1 lingura busuioc tocat
- 2 dovlecei, tăiați cubulețe
- 1 lingurita boia dulce
- piper negru după gust

Adrese:
1. Se încălzește o tigaie cu ulei la foc mediu-mare, se adaugă carnea, praful de usturoi și maghiranul, se amestecă și se fierbe timp de 10 minute.
2. Se adauga dovleceii si celelalte ingrediente, se amesteca, se aduce la fierbere, se reduce focul la mediu si se mai lasa amestecul sa fiarba inca 20 de minute.
3. Împărțiți totul în farfurii și serviți.

Nutriție: Calorii 359, Lipide 9,1, Fibre 2,1, Carbohidrați 5,7, Proteine 61,4

carne de porc condimentată

Timp de preparare: 10 minute.
Timp de preparare: 8 ore.
Porții: 4

Ingrediente:
- 3 linguri ulei de masline
- 2 kilograme de friptură de porc
- 2 lingurite boia dulce
- 1 lingurita praf de usturoi
- 1 lingurita praf de ceapa
- 1 lingurita nucsoara macinata
- 1 lingurita ienibahar, macinata
- piper negru după gust
- 1 cană bulion de legume cu conținut scăzut de sodiu

Adrese:
1. În aragazul lent, amestecați friptura cu ulei și alte ingrediente, acoperiți și gătiți la foc mic timp de 8 ore.
2. Tăiați friptura în felii, distribuiți-o pe farfurii și turnați peste ea sucul din tigaie.

Nutriție: Calorii 689, Lipide 57,1, Fibre 1, Carbohidrați 3,2, Proteine 38,8

Carne de porc cu nucă de cocos și țelină

Timp de preparare: 10 minute.
Timp de gătire: 35 minute.
Porții: 4

Ingrediente:
- 2 kg friptură de porc, tăiată cubulețe
- 2 linguri ulei de masline
- 1 cană bulion de legume cu conținut scăzut de sodiu
- 1 tulpină de țelină tocată
- 1 lingurita piper negru
- 2 salote tocate
- 1 lingura arpagic tocat
- 1 cana crema de cocos
- piper negru după gust

Adrese:
1. Se incinge o tigaie cu ulei la foc mediu, se adauga salota si carnea, se amesteca si se prajesc 5 minute.
2. Adăugați țelina și alte ingrediente, amestecați, aduceți la fierbere și fierbeți la foc mediu încă 30 de minute.
3. Împărțiți totul în farfurii și serviți imediat.

Nutriție: Calorii 690, grăsimi 43,3, fibre 1,8, carbohidrați 5,7, proteine 6,2

Amestec de porc și roșii

Timp de preparare: 10 minute.
Timp de preparare: 30 minute.
Porții: 4

Ingrediente:
- 2 catei de usturoi tocati
- 2 kg friptură de porc, tocată
- 2 căni de roșii cherry, tăiate la jumătate
- 1 lingura ulei de masline
- piper negru după gust
- 1 ceapa rosie tocata
- ½ cană bulion de legume cu conținut scăzut de sodiu
- 2 linguri pastă de tomate cu conținut scăzut de sodiu
- 1 lingura patrunjel tocat

Adrese:
1. Se incinge o tigaie cu ulei de masline la foc mediu, se adauga ceapa si usturoiul, se amesteca si se calesc 5 minute.
2. Adăugați carnea și prăjiți încă 5 minute.
3. Adăugați ingredientele rămase, amestecați, aduceți la fierbere, fierbeți la foc mediu încă 20 de minute, împărțiți în boluri și serviți.

Nutriție: Calorii 558, grăsimi 25,6, fibre 2,4, carbohidrați 10,1, proteine 68,7

Cotlete de porc cu salvie

Timp de preparare: 10 minute.
Timp de gătire: 35 minute.
Porții: 4

Ingrediente:
- 4 cotlete de porc
- 2 linguri ulei de masline
- 1 lingurita praf de boia afumata
- 1 lingura de salvie tocata
- 2 catei de usturoi tocati
- 1 lingura suc de lamaie
- piper negru după gust

Adrese:
1. Într-o tavă de copt, combinați cotletele de porc cu ulei și restul ingredientelor, amestecați, dați la cuptor și coaceți la 200 ° C timp de 35 de minute.
2. Împărțiți cotletele de porc în farfurii și serviți cu o salată.

Nutriție: Calorii 263, Grăsimi 12,4, Fibre 6, Carbohidrați 22,2, Proteine 16

Carne de porc thailandeză și vinete

Timp de preparare: 10 minute.
Timp de preparare: 30 minute.
Porții: 4

Ingrediente:
- 1 kg carne de porc fiartă, tăiată cubulețe
- 1 vinete taiate cubulete
- 1 lingură de aminoacizi de cocos
- 1 lingurita cinci condimente
- 2 catei de usturoi tocati
- 2 ardei iute thailandezi, tocați
- 2 linguri ulei de masline
- 2 linguri pastă de tomate cu conținut scăzut de sodiu
- 1 lingura coriandru tocat
- ½ cană bulion de legume cu conținut scăzut de sodiu

Adrese:
1. Se incinge o tigaie cu ulei la foc mediu-mare, se adauga usturoiul, ardeii si carnea si se calesc 6 minute.
2. Adăugați vinetele și alte ingrediente, aduceți la fierbere și fierbeți la foc mediu timp de 24 de minute.
3. Împărțiți amestecul în farfurii și serviți.

Nutriție: Calorii 320, Grăsimi 13,4, Fibre 5,2, Carbohidrați 22,8, Proteine 14

Arpagic de porc

Timp de preparare: 10 minute.
Timp de preparare: 30 minute.
Porții: 4

Ingrediente:
- 2 linguri suc de lamaie
- 4 arpagic tocat
- 1 kg carne de porc fiartă, tăiată cubulețe
- 2 catei de usturoi tocati
- 2 linguri ulei de masline
- piper negru după gust
- ½ cană bulion de legume cu conținut scăzut de sodiu
- 1 lingura coriandru tocat

Adrese:
1. Se incinge o tigaie cu ulei de masline la foc mediu, se adauga arpagicul si usturoiul, se amesteca si se calesc 5 minute.
2. Adăugați carnea, amestecați și gătiți încă 5 minute.
3. Adăugați celelalte ingrediente, aduceți la fiert și fierbeți la foc mediu timp de 20 de minute.
4. Împărțiți amestecul în farfurii și serviți.

Nutriție: Calorii 273, Grăsimi 22,4, Fibre 5, Carbohidrați 12,5, Proteine 18

Balsamic de porc

Timp de preparare: 10 minute.
Timp de preparare: 30 minute.
Porții: 4

Ingrediente:
- 1 ceapa rosie feliata
- 1 kg carne de porc fiartă, tăiată cubulețe
- 2 ardei rosii tocati
- 2 linguri de otet balsamic
- ½ cană frunze de coriandru tocate
- piper negru după gust
- 2 linguri ulei de masline
- 1 lingură sos de roșii cu conținut scăzut de sodiu

Adrese:
1. Se incinge o tigaie cu ulei la foc mediu, se adauga ceapa si ardeiul, se amesteca si se fierbe 5 minute.
2. Adăugați carnea, amestecați și gătiți încă 5 minute.
3. Adăugați ingredientele rămase, amestecați, aduceți la fiert și fierbeți la foc mediu încă 20 de minute.
4. Împărțiți totul în farfurii și serviți imediat.

Nutriție: Calorii 331, Grăsimi 13,3, Fibre 5, Carbohidrați 22,7, Proteine 17

Pesto de porc

Timp de preparare: 10 minute.
Timp de gătire: 36 minute.
Porții: 4

Ingrediente:
- 2 linguri ulei de masline
- 2 arpagic tocat
- 500 g cotlete de porc
- 2 linguri pesto de busuioc
- 1 cană de roșii cherry, tăiate cubulețe
- 2 linguri pastă de tomate cu conținut scăzut de sodiu
- ½ cana patrunjel tocat
- ½ cană bulion de legume cu conținut scăzut de sodiu
- piper negru după gust

Adrese:
1. Se incinge o tigaie cu ulei la foc mediu-mare, se adauga ceapa verde si cotletele de porc si se prajesc 3 minute pe fiecare parte.
2. Adăugați pesto și ingredientele rămase, amestecați ușor, aduceți la fierbere și fierbeți la foc mediu încă 30 de minute.
3. Împărțiți totul în farfurii și serviți.

Nutriție: Calorii 293, Grăsimi 11,3, Fibre 4,2, Carbohidrați 22,2, Proteine 14

Ardei de porc și pătrunjel

Timp de preparare: 10 minute.
Timp de gătire: 1 oră.
Porții: 4

Ingrediente:
- 1 ardei verde tocat
- 1 ardei rosu tocat
- 1 ardei galben tocat
- 1 ceapa rosie tocata
- 500 g cotlete de porc
- 1 lingura ulei de masline
- piper negru după gust
- 26 uncii roșii conservate nesărate, tocate
- 2 linguri patrunjel tocat

Adrese:
1. Ungem o tavă de copt cu ulei, punem în ea cotletele de porc și adăugați celelalte ingrediente deasupra.
2. Se coace la 200°C timp de 1 oră, se distribuie pe farfurii și se servește.

Nutriție: Calorii 284, Grăsimi 11,6, Fibre 2,6, Carbohidrați 22,2, Proteine 14

Amestecul de chimen și miel

Timp de preparare: 10 minute.
Timp de preparare: 25 minute.
Porții: 4

Ingrediente:
- 1 lingura ulei de masline
- 1 ceapa rosie tocata
- 1 cană de roșii cherry, tăiate la jumătate
- 1 kg miel fiert, măcinat
- 1 lingură pudră de chili
- piper negru după gust
- 2 lingurite chimen macinat
- 1 cană bulion de legume cu conținut scăzut de sodiu
- 2 linguri coriandru tocat

Adrese:
1. Se incinge tigaia cu ulei la foc mediu-mare, se adauga ceapa, mielul si praful de chili, se amesteca si se fierbe 10 minute.
2. Adăugați ingredientele rămase, amestecați și gătiți la foc mediu încă 15 minute.
3. Împărțiți între boluri și serviți.

Nutriție: Calorii 320, Grăsimi 12,7, Fibre 6, Carbohidrați 14,3, Proteine 22

Carne de porc cu ridichi si fasole verde

Timp de preparare: 10 minute.
Timp de gătire: 35 minute.
Porții: 4

Ingrediente:
- 1 kg carne de porc fiartă, tăiată cubulețe
- 1 cană ridichi, tăiate cubulețe
- ½ kilogram de fasole verde, curățată și tăiată la jumătate
- 1 ceapa galbena tocata
- 1 lingura ulei de masline
- 2 catei de usturoi tocati
- 1 cana rosii conservate, nesarate si tocate
- 2 lingurite de oregano uscat
- piper negru după gust

Adrese:
1. Se încălzește o tigaie cu ulei la foc mediu-mare, se adaugă ceapa și usturoiul, se amestecă și se fierbe timp de 5 minute.
2. Adăugați carnea, amestecați și gătiți încă 5 minute.
3. Adăugați celelalte ingrediente, aduceți la fierbere și fierbeți la foc mediu timp de 25 de minute.
4. Împărțiți între boluri și serviți.

Nutriție: Calorii 289, Grăsimi 12, Fibre 8, Carbohidrați 13,2, Proteine 20

Miel cu fenicul și ciuperci

Timp de preparare: 10 minute.
Timp de preparare: 40 minute.
Porții: 4

Ingrediente:
- 1 kg umăr de miel, dezosat și tăiat cubulețe
- 8 ciuperci albe, tăiate la jumătate
- 2 linguri ulei de masline
- 1 ceapa galbena tocata
- 2 catei de usturoi tocati
- 1 ½ linguriță pudră de fenicul
- piper negru după gust
- O mână de arpagic tocat
- 1 cană bulion de legume cu conținut scăzut de sodiu

Adrese:
1. Se incinge o tigaie cu ulei de masline la foc mediu, se adauga ceapa si usturoiul, se amesteca si se calesc 5 minute.
2. Adăugați carnea și ciupercile, amestecați și gătiți încă 5 minute.
3. Adăugați celelalte ingrediente, amestecați, aduceți la fierbere și fierbeți la foc mediu timp de 30 de minute.
4. Împărțiți amestecul între boluri și serviți.

Nutriție: Calorii 290, Grăsimi 15,3, Fibre 7, Carbohidrați 14,9, Proteine 14

Caserolă de porc și spanac

Timp de preparare: 10 minute.
Timp de preparare: 30 minute.
Porții: 4

Ingrediente:
- 1 kilogram de carne de porc, măcinată
- 2 linguri ulei de masline
- 1 ceapa rosie tocata
- ½ kilogram de baby spanac
- 4 catei de usturoi, tocati
- ½ cană bulion de legume cu conținut scăzut de sodiu
- ½ cană de roșii conservate fără sare, tocate
- piper negru după gust
- 1 lingura arpagic tocat

Adrese:
1. Se încălzește o tigaie cu ulei la foc mediu-mare, se adaugă ceapa și usturoiul, se amestecă și se fierbe timp de 5 minute.
2. Adăugați carnea, amestecați și prăjiți încă 5 minute.
3. Adăugați ingredientele rămase, cu excepția spanacului, amestecați, aduceți la fierbere, reduceți căldura la mediu și gătiți timp de 15 minute.
4. Adăugați spanacul, amestecați, lăsați amestecul să fiarbă încă 5 minute, împărțiți totul în boluri și serviți.

Nutriție: Calorii 270, Grăsimi 12, Fibre 6, Carbohidrați 22,2, Proteine 23

Carne de porc cu avocado

Timp de preparare: 10 minute.
Timp de preparare: 15 minute.
Porții: 4

Ingrediente:
- 2 cesti baby spanac
- 1 kg file de porc, tăiat fâșii
- 1 lingura ulei de masline
- 1 cană de roșii cherry, tăiate la jumătate
- 2 avocado, decojite, fără sâmburi și feliate
- 1 lingura otet balsamic
- ½ cană bulion de legume cu conținut scăzut de sodiu

Adrese:
1. Se încălzește o tigaie cu ulei de măsline la foc mediu-mare, se adaugă carnea, se amestecă și se fierbe timp de 10 minute.
2. Adăugați spanacul și ingredientele rămase, amestecați, gătiți încă 5 minute, împărțiți în boluri și serviți.

Nutriție: Calorii 390, Grăsimi 12,5, Fibre 4, Carbohidrați 16,8, Proteine 13,5

Amestec de mere si carne de porc

Timp de preparare: 10 minute.
Timp de preparare: 40 minute.
Porții: 4

Ingrediente:
- 2 kg friptură de porc, tăiată fâșii
- 2 mere verzi, fără miez și feliate
- 2 catei de usturoi tocati
- 2 salote tocate
- 1 lingura boia dulce
- ½ linguriță pudră de chili
- 2 linguri ulei de avocado
- 1 cană bulion de pui cu conținut scăzut de sodiu
- piper negru după gust
- Un praf de fulgi de ardei rosu

Adrese:
1. Se incinge o tigaie cu ulei de masline la foc mediu, se adauga ceapa si usturoiul, se amesteca si se calesc 5 minute.
2. Adăugați carnea și prăjiți încă 5 minute.
3. Adăugați merele și alte ingrediente, amestecați, aduceți la fierbere și fierbeți la foc mediu încă 30 de minute.
4. Împărțiți totul în farfurii și serviți.

Nutriție: Calorii 365, Grăsimi 7, Fibre 6, Carbohidrați 15,6, Proteine 32,4

Cotlete de porc cu scorțișoară

Timp de preparare: 10 minute.
Timp de gătit: 1 oră și 10 minute
Porții: 4

Ingrediente:
- 4 cotlete de porc
- 2 linguri ulei de masline
- 2 catei de usturoi tocati
- ¼ cană bulion de legume cu conținut scăzut de sodiu
- 1 lingura de scortisoara pudra
- piper negru după gust
- 1 lingurita pudra de chili
- ½ lingurita praf de ceapa

Adrese:
1. Într-o tavă de copt, combinați cotletele de porc cu ulei și ingredientele rămase, amestecați, dați la cuptor și coaceți la 180 ° C timp de 1 oră și 10 minute.
2. Împărțiți cotletele de porc în farfurii și serviți cu o salată.

Nutriție: Calorii 288, Grăsimi 5,5, Fibre 6, Carbohidrați 12,7, Proteine 23

Cotlete de porc cu nucă de cocos

Timp de preparare: 10 minute.
Timp de preparare: 20 minute.
Porții: 4

Ingrediente:
- 2 linguri ulei de masline
- 4 cotlete de porc
- 1 ceapa galbena tocata
- 1 lingură pudră de chili
- 1 cană lapte de cocos
- ¼ cană coriandru tocat

Adrese:
1. Se încălzește o tigaie cu ulei de măsline la foc mediu-mare, se adaugă ceapa și ardeiul, se amestecă și se prăjesc timp de 5 minute.
2. Adăugați cotletele de porc și rumeniți timp de 2 minute pe fiecare parte.
3. Adăugați laptele de cocos, amestecați, aduceți la fierbere și fierbeți la foc mediu încă 11 minute.
4. Adăugați coriandru, amestecați, împărțiți în boluri și serviți.

Nutriție: Calorii 310, grăsimi 8, fibre 6, carbohidrați 16,7, proteine 22,1

Carne de porc cu amestec de piersici

Timp de preparare: 10 minute.
Timp de preparare: 25 minute.
Porții: 4

Ingrediente:
- 2 kg muschi de porc, taiat cubulete
- 2 piersici, fără sâmburi și tăiate în sferturi
- ¼ lingurita praf de ceapa
- 2 linguri ulei de masline
- ¼ de linguriță de boia de ardei afumată
- ¼ cană bulion de legume cu conținut scăzut de sodiu
- piper negru după gust

Adrese:
1. Se incinge o tigaie cu ulei la foc mediu, se adauga carnea, se amesteca si se fierbe 10 minute.
2. Adăugați piersici și alte ingrediente, amestecați, aduceți la fierbere și fierbeți la foc mediu încă 15 minute.
3. Împărțiți amestecul în farfurii și serviți.

Nutriție: Calorii 290, Grăsimi 11,8, Fibre 5,4, Carbohidrați 13,7, Proteine 24

Miel cu cacao și ridichi

Timp de preparare: 10 minute.
Timp de gătire: 35 minute.
Porții: 4

Ingrediente:
- ½ cană bulion de legume cu conținut scăzut de sodiu
- 1 kg miel fiert, taiat cubulete
- 1 cană ridichi, tăiate cubulețe
- 1 lingura pudra de cacao
- piper negru după gust
- 1 ceapa galbena tocata
- 1 lingura ulei de masline
- 2 catei de usturoi tocati
- 1 lingura patrunjel tocat

Adrese:
1. Se încălzește o tigaie cu ulei de măsline la foc mediu-mare, se adaugă ceapa și usturoiul, se amestecă și se prăjesc timp de 5 minute.
2. Adăugați carnea, amestecați și prăjiți 2 minute pe fiecare parte.
3. Adăugați bulionul și alte ingrediente, amestecați, aduceți la fiert și fierbeți la foc mediu încă 25 de minute.
4. Împărțiți totul în farfurii și serviți.

Nutriție: Calorii 340, Grăsimi 12,4, Fibre 9,3, Carbohidrați 33,14, Proteine 20

Carne de porc cu lamaie si anghinare

Timp de preparare: 10 minute.
Timp de preparare: 25 minute.
Porții: 4

Ingrediente:
- 2 kg friptură de porc, tăiată fâșii
- 2 linguri ulei de avocado
- 1 lingura suc de lamaie
- 1 lingura coaja de lamaie
- 1 cana de anghinare din conserva, scursa si taiata in sferturi
- 1 ceapa rosie tocata
- 2 catei de usturoi tocati
- ½ linguriță pudră de chili
- piper negru după gust
- 1 lingurita boia dulce
- 1 jalapeno tocat fin
- ¼ cană bulion de legume cu conținut scăzut de sodiu
- ¼ cană rozmarin tocat

Adrese:
1. Se încălzește o tigaie cu ulei de măsline la foc mediu-mare, se adaugă ceapa și usturoiul, se amestecă și se prăjesc timp de 4 minute.
2. Adăugați carnea de vită, anghinarea, pudra de chili, jalapeño și ardeiul gras, amestecați și gătiți încă 6 minute.
3. Adăugați ingredientele rămase, amestecați, aduceți la fiert și fierbeți la foc mediu încă 15 minute.

4. Împărțiți întregul amestec între boluri și serviți.

Nutriție: Calorii 350, Grăsimi 12, Fibre 4,3, Carbohidrați 35,7, Proteine 14,5

Carne de porc cu sos de coriandru

Timp de preparare: 10 minute.
Timp de preparare: 20 minute.
Porții: 4

Ingrediente:
- 2 kg friptură de porc, tăiată cubulețe
- 1 cană frunze de coriandru
- 4 linguri ulei de masline
- 1 lingura nuci de pin
- 1 lingură parmezan fără grăsime ras
- 1 lingura suc de lamaie
- 1 lingurita pudra de chili
- piper negru după gust

Adrese:
1. Intr-un blender, combina coriandru, nucile de pin, 3 linguri de ulei, parmezan si zeama de lamaie si paseaza bine.
2. Se incinge o tigaie cu uleiul ramas la foc mediu, se adauga carnea, praful de chili si piperul negru, se amesteca si se prajesc 5 minute.
3. Adaugati sosul de coriandru si gatiti la foc mediu inca 15 minute, amestecand din cand in cand.
4. Împărțiți carnea de porc în farfurii și serviți imediat.

Nutriție: Calorii 270, Lipide 6,6, Fibre 7, Carbohidrați 12,6, Proteine 22,4

Carne de porc cu amestec de mango

Timp de preparare: 10 minute.
Timp de preparare: 25 minute.
Porții: 4

Ingrediente:
- 2 salote tocate
- 2 linguri ulei de avocado
- 1 kg carne de porc fiartă, tăiată cubulețe
- 1 mango, decojit și tăiat cubulețe
- 2 catei de usturoi tocati
- 1 cana rosii tocate
- piper negru după gust
- ½ cană busuioc tocat

Adrese:
1. Se incinge o tigaie cu ulei de masline la foc mediu, se adauga ceapa si usturoiul, se amesteca si se fierbe 5 minute.
2. Adăugați carnea, amestecați și gătiți încă 5 minute.
3. Adăugați ingredientele rămase, amestecați, aduceți la fiert și fierbeți la foc mediu încă 15 minute.
4. Împărțiți amestecul între boluri și serviți.

Nutriție: Calorii 361, Grăsimi 11, Fibre 5,1, Carbohidrați 16,8, Proteine 22

Carne de porc si cartofi dulci cu rozmarin si lamaie

Timp de preparare: 10 minute.
Timp de gătire: 35 minute.
Porții: 4

Ingrediente:
- 1 ceapa rosie, taiata felii
- 2 cartofi dulci, decojiti si feliati
- 4 cotlete de porc
- 1 lingura rozmarin tocat
- 1 lingura suc de lamaie
- 2 lingurite ulei de masline
- piper negru după gust
- 2 lingurite de cimbru tocat
- ½ cană bulion de legume cu conținut scăzut de sodiu

Adrese:
1. Într-o tavă de copt, combinați cotletele de porc cu cartofii, ceapa și alte ingrediente și amestecați ușor.
2. Se coace la 200°C timp de 35 de minute, se distribuie pe farfurii si se serveste.

Nutriție: Calorii 410, grăsimi 14,7, fibre 14,2, carbohidrați 15,3, proteine 33,4

Carne de porc cu năut

Timp de preparare: 10 minute.
Timp de preparare: 25 minute.
Porții: 4

Ingrediente:
- 1 kg carne de porc fiartă, tăiată cubulețe
- 1 cană de năut conservat, nesărat, scurs
- 1 ceapa galbena tocata
- 1 lingura ulei de masline
- piper negru după gust
- 10 uncii de roșii conservate, nesărate și tocate
- 2 linguri coriandru tocat

Adrese:
1. Se încălzește o tigaie cu ulei de măsline la foc mediu-mare, se adaugă ceapa, se amestecă și se prăjește timp de 5 minute.
2. Adăugați carnea, amestecați și gătiți încă 5 minute.
3. Adăugați ingredientele rămase, amestecați, gătiți la foc mediu timp de 15 minute, împărțiți totul în boluri și serviți.

Nutriție: Calorii 476, grăsimi 17,6, fibre 10,2, carbohidrați 35,7, proteine 43,8

Cotlete de miel cu kale

Timp de preparare: 10 minute.
Timp de gătire: 35 minute.
Porții: 4

Ingrediente:
- 1 cană de kale, mărunțită
- 500 g cotlete de miel
- ½ cană bulion de legume cu conținut scăzut de sodiu
- 2 linguri pastă de tomate cu conținut scăzut de sodiu
- 1 ceapă galbenă, feliată
- 1 lingura ulei de masline
- Un praf de piper negru

Adrese:
1. Se unge cu ulei o tava de copt, se aseaza pe ea cotletele de miel, se adauga varza si celelalte ingrediente si se amesteca totul usor.
2. Se coace totul 35 de minute la 200 °C, se distribuie pe farfurii si se serveste.

Nutriție: Calorii 275, grăsimi 11,8, fibre 1,4, carbohidrați 7,3, proteine 33,6

Miel cu piper

Timp de preparare: 10 minute.
Timp de preparare: 45 minute.
Porții: 4

Ingrediente:
- 2 kg de miel fiert, taiat cubulete
- 1 lingura ulei de avocado
- 1 lingurita pudra de chili
- 1 lingurita boia iute
- 2 cepe roșii, tocate
- 1 cană bulion de legume cu conținut scăzut de sodiu
- ½ cană sos de roșii cu conținut scăzut de sodiu
- 1 lingura coriandru tocat

Adrese:
1. Se incinge o tigaie cu ulei de masline la foc mediu, se adauga ceapa si carnea si se calesc 10 minute.
2. Adăugați pudra de chili și toate celelalte ingrediente, cu excepția coriandrului, amestecați, aduceți la fierbere și gătiți la foc mediu încă 35 de minute.
3. Împărțiți amestecul în boluri și serviți cu coriandru presărat deasupra.

Nutriție: Calorii 463, grăsimi 17,3, fibre 2,3, carbohidrați 8,4, proteine 65,1

Carne de porc cu praz și ardei

Timp de preparare: 10 minute.
Timp de preparare: 45 minute.
Porții: 4

Ingrediente:
- 2 kg friptură de porc, tăiată cubulețe
- 2 praz, feliat
- 2 linguri ulei de masline
- 2 catei de usturoi tocati
- 1 lingurita boia dulce
- 1 lingura patrunjel tocat
- 1 cană bulion de legume cu conținut scăzut de sodiu
- piper negru după gust

Adrese:
1. Se incinge o tigaie cu ulei la foc mediu, se adauga prazul, usturoiul si piperul, se amesteca si se fierbe 10 minute.
2. Adăugați carnea și prăjiți încă 5 minute.
3. Adăugați ingredientele rămase, amestecați, gătiți la foc mediu timp de 30 de minute, împărțiți totul în boluri și serviți.

Nutriție: Calorii 577, grăsimi 29,1, fibre 1,3, carbohidrați 8,2, proteine 67,5

Cotlete de porc și mazăre

Timp de preparare: 10 minute.
Timp de preparare: 25 minute.
Porții: 4

Ingrediente:
- 4 cotlete de porc
- 2 linguri ulei de masline
- 2 salote tocate
- 1 cană de mazăre
- 1 cană bulion de legume cu conținut scăzut de sodiu
- 2 linguri pasta de rosii nesarata
- 1 lingura patrunjel tocat

Adrese:
1. Se incinge o tigaie cu ulei la foc mediu, se adauga ceapa, se amesteca si se prajeste 5 minute.
2. Adăugați cotletele de porc și rumeniți timp de 2 minute pe fiecare parte.
3. Adăugați celelalte ingrediente, aduceți la fierbere și fierbeți la foc mediu timp de 15 minute.
4. Împărțiți amestecul în farfurii și serviți.

Nutriție: Calorii 357, Grăsimi 27, Fibre 1,9, Carbohidrați 7,7, Proteine 20,7

Carne de porc și porumb

Timp de preparare: 10 minute.
Timp de gătire: 1 oră.
Porții: 4

Ingrediente:
- 4 cotlete de porc
- 1 cană bulion de legume cu conținut scăzut de sodiu
- 1 cană de porumb
- 1 lingura menta tocata
- 1 lingurita boia dulce
- piper negru după gust
- 1 lingura ulei de masline

Adrese:
1. Asezam cotletele de porc pe o tava de copt, adaugam ingredientele ramase, amestecam, dam la cuptor si coacem la 180°C timp de 1 ora.
2. Împărțiți totul în farfurii și serviți.

Nutriție: Calorii 356, Grăsimi 14, Fibre 5,4, Carbohidrați 11,0, Proteine 1

Miel cu mărar

Timp de preparare: 10 minute.
Timp de preparare: 25 minute.
Porții: 4

Ingrediente:
- Suc de 2 lămâi
- 1 lingura coaja de lamaie
- 1 lingură mărar tocat
- 2 catei de usturoi tocati
- 2 linguri ulei de masline
- 2 kg miel, taiat cubulete
- 1 cana coriandru tocat
- piper negru după gust

Adrese:
1. Se incinge o tigaie cu ulei la foc mediu-mare, se adauga usturoiul si carnea si se prajesc 4 minute pe fiecare parte.
2. Adăugați sucul de lămâie și celelalte ingrediente și gătiți, amestecând continuu, încă 15 minute.
3. Împărțiți totul în farfurii și serviți.

Nutriție: Calorii 370, grăsimi 11,7, fibre 4,2, carbohidrați 8,9, proteine 20

Cotlete de porc cu piment și măsline

Timp de preparare: 10 minute.
Timp de gătire: 35 minute.
Porții: 4

Ingrediente:
- 4 cotlete de porc
- 2 linguri ulei de masline
- 1 cană măsline Kalamata, fără sâmburi și tăiate la jumătate
- 1 lingurita ienibahar, macinata
- ¼ cană lapte de cocos
- 1 ceapa galbena tocata
- 1 lingura arpagic tocat

Adrese:
1. Se incinge o tigaie cu ulei de masline la foc mediu, se adauga ceapa si carnea si se calesc 4 minute pe fiecare parte.
2. Adăugați ingredientele rămase, amestecați ușor, dați la cuptor și coaceți încă 25 de minute la 180°C.
3. Împărțiți totul în farfurii și serviți.

Nutriție: Calorii 290, Grăsimi 10, Fibre 4,4, Carbohidrați 7,8, Proteine 22

Cotlete italiene de miel

Timp de preparare: 10 minute.
Timp de preparare: 30 minute.
Porții: 4

Ingrediente:
- 4 cotlete de miel
- 1 lingura oregano tocat
- 1 lingura ulei de masline
- 1 ceapa galbena tocata
- 2 linguri parmezan ras usor
- 1/3 cană bulion de legume cu conținut scăzut de sodiu
- piper negru după gust
- 1 lingurita condimente italiene

Adrese:
1. Se incinge o tigaie cu ulei la foc mediu-mare, se adauga cotletele de miel si ceapa si se calesc 4 minute pe fiecare parte.
2. Adăugați celelalte ingrediente cu excepția brânzei și amestecați.
3. Presărați brânza deasupra, puneți foaia de copt în cuptor și coaceți la 350 de grade Fahrenheit timp de 20 de minute.
4. Împărțiți totul în farfurii și serviți.

Nutriție: Calorii 280, Grăsimi 17, Fibre 5,5, Carbohidrați 11,2, Proteine 14

Orez cu carne de porc si oregano

Timp de preparare: 10 minute.
Timp de gătire: 35 minute.
Porții: 4

Ingrediente:
- 1 lingura ulei de masline
- 1 kg carne de porc fiartă, tăiată cubulețe
- 1 lingura oregano tocat
- 1 cană de orez alb
- 2 căni de supă de pui cu conținut scăzut de sodiu
- piper negru după gust
- 2 catei de usturoi tocati
- Suc de o jumătate de lămâie
- 1 lingura coriandru tocat

Adrese:
1. Se incinge o tigaie cu ulei de masline la foc mediu, se adauga carnea si usturoiul si se calesc 5 minute.
2. Adăugați orezul, bulionul și alte ingrediente, aduceți la fiert și fierbeți la foc mediu timp de 30 de minute.
3. Împărțiți totul în farfurii și serviți.

Nutriție: Calorii 330, Lipide 13, Fibre 5,2, Carbohidrați 13,4, Proteine 22,2

Galuste de porc

Timp de preparare: 10 minute.
Timp de preparare: 30 minute.
Porții: 4

Ingrediente:
- 3 linguri faina de migdale
- 2 linguri ulei de avocado
- 2 oua batute
- piper negru după gust
- 2 kilograme de carne de porc, tocata
- 1 lingura coriandru tocat
- 10 uncii sos de roșii conservat, fără sare adăugată

Adrese:
1. Intr-un bol, combinam carnea de porc cu faina si celelalte ingrediente, minus sosul si uleiul, amestecam bine si formam chiftelute de marime medie din acest amestec.
2. Se incinge o tigaie cu ulei la foc mediu, se adauga chiftelele si se prajesc 3 minute pe fiecare parte, se adauga sosul, se amesteca usor, se da in clocot si se calesc la foc mediu inca 20 de minute.
3. Împărțiți între boluri și serviți.

Nutriție: Calorii 332, Grăsimi 18, Fibre 4, Carbohidrați 14,3, Proteine 25

Carne de porc și andive

Timp de preparare: 10 minute.
Timp de gătire: 35 minute.
Porții: 4

Ingrediente:
- 1 kg carne de porc fiartă, tăiată cubulețe
- 2 andive, feliate și rase
- 1 cană bulion de vită cu conținut scăzut de sodiu
- 1 lingurita pudra de chili
- Un praf de piper negru
- 1 ceapa rosie tocata
- 1 lingura ulei de masline

Adrese:
1. Se incinge o tigaie cu ulei la foc mediu, se adauga ceapa si andivele, se amesteca si se fierbe 5 minute.
2. Adăugați carnea, amestecați și gătiți încă 5 minute.
3. Adăugați ingredientele rămase, aduceți la fierbere și fierbeți la foc mediu încă 25 de minute.
4. Împărțiți totul în farfurii și serviți.

Nutriție: Calorii 330, Grăsimi 12,6, Fibre 4,2, Carbohidrați 10, Proteine 22

Ridiche de porc și arpagic

Timp de preparare: 10 minute.
Timp de gătire: 35 minute.
Porții: 4

Ingrediente:
- 1 cană ridichi, tăiate cubulețe
- 1 kg carne de porc fiartă, tăiată cubulețe
- 1 lingura ulei de masline
- 1 ceapa rosie tocata
- 1 cană roșii conservate nesărate, zdrobite
- 1 lingura arpagic tocat
- 2 catei de usturoi tocati
- piper negru după gust
- 1 lingurita otet balsamic

Adrese:
1. Se incinge o tigaie cu ulei de masline la foc mediu, se adauga ceapa si usturoiul, se amesteca si se calesc 5 minute.
2. Adăugați carnea și prăjiți încă 5 minute.
3. Adăugați ridichile și alte ingrediente, aduceți la fiert și fierbeți la foc mediu încă 25 de minute.
4. Împărțiți între boluri și serviți.

Nutriție: Calorii 274, Grăsimi 14, Fibre 3,5, Carbohidrați 14,8, Proteine 24,1

Chiftele de spanac cu menta

Timp de preparare: 10 minute.
Timp de preparare: 25 minute.
Porții: 4

Ingrediente:
- 1 kg carne de porc fiartă, măcinată
- 1 ceapa galbena tocata
- 1 ou bătut
- 1 lingura menta tocata
- piper negru după gust
- 2 catei de usturoi tocati
- 2 linguri ulei de masline
- 1 cană de roșii cherry, tăiate la jumătate
- 1 cană baby spanac
- ½ cană bulion de legume cu conținut scăzut de sodiu

Adrese:

1. Într-un castron, se combină carnea cu ceapa și celelalte ingrediente, minus uleiul de măsline, roșiile cherry și spanacul, se amestecă bine și se formează chiftele de mărime medie din acest amestec.
2. Se încălzește o tigaie cu ulei de măsline la foc mediu-mare, se adaugă chiftelele și se prăjesc 5 minute pe fiecare parte.
3. Adăugați spanacul, roșiile și bulionul, amestecați și fierbeți timp de 15 minute.
4. Împărțiți între boluri și serviți.

Nutriție: Calorii 320, Grăsimi 13,4, Fibre 6, Carbohidrați 15,8, Proteine 12

Chiftele și sos de cocos

Timp de preparare: 10 minute.
Timp de preparare: 20 minute.
Porții: 4

Ingrediente:
- 2 kilograme de carne de porc, tocata
- piper negru după gust
- ¾ cană făină de migdale
- 2 oua batute
- 1 lingura patrunjel tocat
- 2 cepe roșii, tocate
- 2 linguri ulei de masline
- ½ cană cremă de cocos
- piper negru după gust

Adrese:
1. Într-un castron, combinați carnea de porc cu făina de migdale și celelalte ingrediente în afară de ceapa, uleiul și smântâna, amestecați bine și din acest amestec formați chiftele de mărime medie.
2. Se incinge o tigaie cu ulei la foc mediu, se adauga ceapa, se amesteca si se caleste 5 minute.
3. Adăugați chiftelele și gătiți încă 5 minute.
4. Adăugați crema de cocos, aduceți la fierbere, gătiți încă 10 minute, împărțiți în boluri și serviți.

Nutriție: Calorii 435, Grăsimi 23, Fibre 14, Carbohidrați 33,2, Proteine 12,65

Carne de porc de linte și turmeric

Timp de preparare: 10 minute.
Timp de preparare: 25 minute.
Porții: 4

Ingrediente:
- 1 kg carne de porc fiartă, tăiată cubulețe
- ½ cană sos de roșii nesărat
- 1 ceapa galbena tocata
- 2 linguri ulei de masline
- 1 cană linte conservată nesărată, scursă
- 1 lingurita praf de curry
- 1 lingurita pudra de turmeric
- piper negru după gust

Adrese:
1. Se incinge o tigaie cu ulei la foc mediu-mare, se adauga ceapa si carnea si se calesc 5 minute.
2. Se adauga sosul si celelalte ingrediente, se amesteca, se fierbe la foc mediu 20 de minute, se toarna totul in boluri si se serveste.

Nutriție: Calorii 367, Lipide 23, Fibre 6,9, Carbohidrați 22,1, Proteine 22

Sotul Miel

Timp de preparare: 10 minute.
Timp de preparare: 25 minute.
Porții: 4

Ingrediente:

- 1 kg miel tocat
- 1 lingura ulei de avocado
- Tăiați 1 ardei roșu în fâșii
- 1 ceapa rosie feliata
- 2 roșii, tăiate cubulețe
- 1 morcov taiat cubulete
- 2 bulbi de fenicul, feliati
- piper negru după gust
- 2 linguri de otet balsamic
- 1 lingura coriandru tocat

Adrese:

1. Se incinge o tigaie cu ulei la foc mediu-mare, se adauga ceapa si carnea si se calesc 5 minute.
2. Adăugați ardeii și ingredientele rămase, amestecați, fierbeți la foc mediu încă 20 de minute, împărțiți în boluri și serviți imediat.

Nutriție: Calorii 367, Lipide 14,3, Fibre 4,3, Carbohidrați 15,8, Proteine 16

Carne de porc cu sfeclă roșie

Timp de preparare: 10 minute.
Timp de preparare: 30 minute.
Porții: 4

Ingrediente:
- 1 kilogram carne de porc, taiata cubulete
- 2 sfecle mici, curatate si taiate cubulete
- 2 linguri ulei de masline
- 1 ceapa galbena tocata
- 2 catei de usturoi tocati
- Sare si piper negru dupa gust
- ½ cană cremă de cocos.

Adrese:
1. Se încălzește o tigaie cu ulei la foc mediu-mare, se adaugă ceapa și usturoiul, se amestecă și se fierbe timp de 5 minute.
2. Adăugați carnea și prăjiți încă 5 minute.
3. Adăugați celelalte ingrediente, aduceți la fiert și fierbeți la foc mediu timp de 20 de minute.
4. Împărțiți amestecul în farfurii și serviți.

Nutriție: Calorii 311, Grăsimi 14,3, Fibre 4,5, Carbohidrați 15,2, Proteine 17

Miel și varză

Timp de preparare: 10 minute.
Timp de gătire: 35 minute.
Porții: 4

Ingrediente:
- 2 linguri ulei de avocado
- 1 kilogram de miel fiert, tăiat cubulețe mari
- 1 varza varza, tocata
- 1 cana rosii conservate nesarate, tocate
- 1 ceapa galbena tocata
- 1 lingurita de cimbru uscat
- piper negru după gust
- 2 catei de usturoi tocati

1. **Adrese:**
2. Se încălzește o tigaie cu ulei de măsline la foc mediu-mare, se adaugă ceapa și usturoiul și se călesc timp de 5 minute.
3. Adăugați carnea și prăjiți încă 5 minute.
4. Adăugați ingredientele rămase, amestecați, aduceți la fiert și fierbeți la foc mediu încă 25 de minute.
5. Împărțiți totul în farfurii și serviți.

Nutriție: Calorii 325, Grăsimi 11, Fibre 6,1, Carbohidrați 11,7, Proteine 16

Miel cu porumb și bame

Timp de preparare: 10 minute.
Timp de preparare: 30 minute.
Porții: 4

Ingrediente:
- 1 kilogram de miel fiert, tăiat cubulețe mari
- 1 ceapa galbena tocata
- 2 catei de usturoi tocati
- 2 linguri ulei de avocado
- 1 cană de bame, tocată
- 1 cană de porumb
- 1 cană bulion de legume cu conținut scăzut de sodiu
- 1 lingura patrunjel tocat

Adrese:
1. Se încălzește o tigaie cu ulei de măsline la foc mediu-mare, se adaugă ceapa și usturoiul, se amestecă și se călesc timp de 5 minute.
2. Adăugați carnea, amestecați și gătiți încă 5 minute.
3. Adăugați ingredientele rămase, amestecați, aduceți la fiert și fierbeți la foc mediu timp de 20 de minute.
4. Împărțiți între boluri și serviți.

Nutriție: Calorii 314, Grăsimi 12, Fibre 4,4, Carbohidrați 13,3, Proteine 17

Carne de porc cu muştar şi tarhon

Timp de preparare: 10 minute.
Timp de preparare: 8 ore.
Porţii: 4

Ingrediente:
- 2 kg friptură de porc, feliată
- 2 linguri ulei de masline
- piper negru după gust
- 1 lingura tarhon tocat
- 2 salote tocate
- 1 cană bulion de legume cu conţinut scăzut de sodiu
- 1 lingura de cimbru tocat
- 1 lingura de mustar

Adrese:
1. Într-un aragaz lent, aruncaţi friptura cu piper negru şi ingredientele rămase, acoperiţi şi gătiţi la foc mic timp de 8 ore.
2. Împărţiţi friptura de porc în farfurii, turnaţi peste ea sosul de muştar şi serviţi.

Nutriţie: Calorii 305, Grăsimi 14,5, Fibre 5,4, Carbohidraţi 15,7, Proteine 18

Carne de porc cu varza si capere

Timp de preparare: 10 minute.
Timp de gătire: 35 minute.
Porții: 4

Ingrediente:
- 2 linguri ulei de masline
- 1 cană bulion de legume cu conținut scăzut de sodiu
- 2 linguri capere, scurse
- 500 g cotlete de porc
- 1 cană muguri de fasole
- 1 ceapă galbenă, feliată
- piper negru după gust

Adrese:
1. Se incinge o tigaie cu ulei la foc mediu-mare, se adauga ceapa si carnea si se calesc 5 minute.
2. Adăugați ingredientele rămase, puneți foaia de copt în cuptor și coaceți la 390 de grade Fahrenheit timp de 30 de minute.
3. Împărțiți totul în farfurii și serviți.

Nutriție: Calorii 324, grăsimi 12,5, fibre 6,5, carbohidrați 22,2, proteine 15,6

Carne de porc cu varza de Bruxelles

Timp de preparare: 10 minute.
Timp de gătire: 35 minute.
Porții: 4

Ingrediente:
- 2 kg friptură de porc, tăiată cubulețe
- ¼ cană sos de roșii cu conținut scăzut de sodiu
- piper negru după gust
- ½ liră varză de Bruxelles, tăiată la jumătate
- 1 lingura ulei de masline
- 2 arpagic tocat
- 1 lingura coriandru tocat

Adrese:
1. Se incinge o tigaie cu ulei la foc mediu-mare, se adauga ceapa si varza si se calesc 5 minute.
2. Adăugați carnea și ingredientele rămase, aduceți la fiert și fierbeți la foc mediu încă 30 de minute.
3. Împărțiți totul în farfurii și serviți.

Nutriție: Calorii 541, grăsimi 25,6, fibre 2,6, carbohidrați 6,5, proteine 68,7

Amestec picant de carne de porc şi fasole verde

Timp de preparare: 10 minute.
Timp de preparare: 20 minute.
Porţii: 4

Ingrediente:
- 1 ceapa galbena tocata
- 2 kilograme de carne de porc, tăiată fâşii
- ½ kilogram de fasole verde, curăţată şi tăiată la jumătate
- 1 ardei rosu tocat
- piper negru după gust
- 1 lingura ulei de masline
- ¼ cană de ardei roşu tocat
- 1 cană bulion de legume cu conţinut scăzut de sodiu

Adrese:
1. Se incinge o tigaie cu ulei de masline la foc mediu-mare, se adauga ceapa si se caleste 5 minute.
2. Adăugaţi carnea şi prăjiţi încă 5 minute.
3. Adăugaţi ingredientele rămase, amestecaţi, gătiţi la foc mediu timp de 10 minute, împărţiţi în farfurii şi serviţi.

Nutriţie: Calorii 347, Lipide 24,8, Fibre 3,3, Carbohidraţi 18,1, Proteine 15,2

Miel cu quinoa

Timp de preparare: 10 minute.
Timp de preparare: 30 minute.
Porții: 4

Ingrediente:
1 cană de quinoa
2 căni de supă de pui cu conținut scăzut de sodiu
1 lingura ulei de masline
1 cana crema de cocos
2 kg de miel fiert, taiat cubulete
2 salote tocate
2 catei de usturoi tocati
piper negru după gust
Un praf de fulgi de ardei rosu macinati

Adrese:
1. Se încălzește o tigaie cu ulei de măsline la foc mediu-mare, se adaugă eșapa și usturoiul, se amestecă și se prăjesc timp de 5 minute.
2. Adăugați carnea și prăjiți încă 5 minute.
3. Adăugați ingredientele rămase, amestecați, aduceți la fierbere, reduceți căldura la mediu și gătiți timp de 20 de minute.
4. Împărțiți între boluri și serviți.

Nutriție: Calorii 755, grăsimi 37, fibre 4,4, carbohidrați 32, proteine 71,8

Pâine de miel și pak choy

Timp de preparare: 10 minute.
Timp de preparare: 30 minute.
Porții: 4

Ingrediente:
- 1 cană bulion de pui cu conținut scăzut de sodiu
- 1 cană de varză chinezească, mărunțită
- 1 kilogram de miel fiert, tăiat cubulețe mari
- 2 linguri ulei de avocado
- 1 ceapa galbena tocata
- 1 morcov tocat
- piper negru după gust

Adrese:
1. Se incinge o tigaie cu ulei la foc mediu-mare, se adauga ceapa si morcovul si se calesc 5 minute.
2. Adăugați carnea și prăjiți încă 5 minute.
3. Adăugați celelalte ingrediente, aduceți la fiert și fierbeți la foc mediu timp de 20 de minute.
4. Împărțiți totul în farfurii și serviți.

Nutriție: Calorii 360, grăsimi 14,5, fibre 5, carbohidrați 22,4, proteine 16

Carne de porc cu bame și măsline

Timp de preparare: 10 minute.
Timp de gătire: 35 minute.
Porții: 4

Ingrediente:
- ½ cană bulion de legume cu conținut scăzut de sodiu
- 1 cană de bame, tocată
- 1 cană măsline negre fără sâmburi și tăiate la jumătate
- 2 linguri ulei de masline
- 4 cotlete de porc
- 1 ceapa rosie, taiata felii
- piper negru după gust
- ½ lingură fulgi de ardei roșu
- 3 linguri de aminoacizi de cocos

Adrese:
1. Ungem o tavă de copt cu ulei și punem în ea cotletele de porc.
2. Adăugați ingredientele rămase, amestecați ușor și coaceți la 180°C timp de 35 de minute.
3. Împărțiți totul în farfurii și serviți.

Nutriție: Calorii 310, Grăsimi 14,6, Fibre 6, Carbohidrați 20,4, Proteine 16

Orz de porc și capere

Timp de preparare: 10 minute.
Timp de gătire: 35 minute.
Porții: 4

Ingrediente:
- 1 cană de orz
- 2 căni de supă de pui cu conținut scăzut de sodiu
- 1 kg carne de porc fiartă, tăiată cubulețe
- 1 ceapa rosie feliata
- 1 lingura ulei de masline
- piper negru după gust
- 1 lingurita de pudra de schinduf
- 1 lingura arpagic tocat
- 1 lingura capere, scurse

Adrese:
1. Se incinge o tigaie cu ulei la foc mediu-mare, se adauga ceapa si carnea si se calesc 5 minute.
2. Adăugați orzul și alte ingrediente, amestecați și gătiți la foc mediu timp de 30 de minute.
3. Împărțiți între boluri și serviți.

Nutriție: Calorii 447, grăsimi 15,6, fibre 8,6, carbohidrați 36,5, proteine 39,8

Amestecul de porc și arpagic

Timp de preparare: 10 minute.
Timp de preparare: 40 minute.
Porții: 5

Ingrediente:
- 1 kilogram carne de porc, taiata cubulete
- 1 lingura ulei de avocado
- 1 ceapa galbena tocata
- 1 legatura ceapa verde tocata
- 4 catei de usturoi, tocati
- 1 cană sos de roșii cu conținut scăzut de sodiu
- piper negru după gust

Adrese:
1. Se încălzește o tigaie cu ulei la foc mediu-mare, se adaugă ceapa și arpagicul, se amestecă și se fierbe timp de 5 minute.
2. Adăugați carnea, amestecați și gătiți încă 5 minute.
3. Adăugați ingredientele rămase, amestecați și gătiți la foc mediu încă 30 de minute.
4. Împărțiți între boluri și serviți.

Nutriție: Calorii 206, grăsimi 8,6, fibre 1,8, carbohidrați 7,2, proteine 23,4

www.ingramcontent.com/pod-product-compliance
Lightning Source LLC
Chambersburg PA
CBHW050153130526
44591CB00033B/1291